dtv

Fehlendes Einfühlungsvermögen können wir heute überall beobachten: Da werden in der U-Bahn oder sogar im Lokal lässig die Schuhsohlen auf dem gegenüberliegenden Sitz platziert, in der Fußgängerzone flitzt ein Fahrradkurier haarscharf an den Passanten vorbei, an der Supermarktkasse wird gedrängelt. Jirina Prekop schildert solche Szenarien, die uns allen vertraute Ärgernisse sind, doch verharrt sie nicht beim bloßen Konstatieren. Die erfahrene Diplompsychologin analysiert zwischenmenschliche Beziehungen und überlegt, wodurch die gegenseitige Rücksichtnahme erschwert wird. Anhand von zahlreichen Beispielen zeigt sie, wie wir wieder zu einem liebevolleren Umgang miteinander kommen können.

Dr. Jirina Prekop, geboren 1929, ist Diplompsychologin und arbeitete viele Jahre in der Abteilung für Entwicklungsstörungen im Olgahospital in Stuttgart. Rege Vortrags- und Seminartätigkeit zum Thema »Festhalten als Lebensform«. Zahlreiche erfolgreiche Bücher, darunter ›Der kleine Tyrann‹ (1995), der in 16 Sprachen übersetzt wurde.

Jirina Prekop

Einfühlung

oder Die Intelligenz des Herzens

Deutscher Taschenbuch Verlag

Von Jirina Prekop
sind im Deutschen Taschenbuch Verlag erschienen:
Unruhige Kinder (36030)
Der kleine Tyrann (36050)

Ungekürzte Ausgabe
September 2005
Deutscher Taschenbuch Verlag GmbH & Co. KG,
München
www.dtv.de

Umschlagkonzept: Balk & Brumshagen
Umschlaggestaltung: Stephanie Weischer unter Verwendung
einer Fotografie von © photonica/Johner
Satz: Druckerei C. H. Beck Nördlingen
nach einer Vorlage des Kösel-Verlags
Druck und Bindung: Druckerei C. H. Beck, Nördlingen
Gedruckt auf säurefreiem, chlorfrei gebleichtem Papier
Printed in Germany · ISBN 3-423-34206-4

An alle meine Freunde von der Gesellschaft zur Förderung des Festhaltens als Lebensform und Therapie. Seit vielen Jahren interessieren wir uns für die Einfühlung, da sie die wesentliche Voraussetzung für die emotionale Konfrontation von zwei familiär eng verbundenen Menschen ist, und somit der innigste Kern der Liebe.

INHALT

Urteile nicht,
bevor du nicht in meinen Mokassins
eine Meile lang gegangen bist.
INDIANISCHES SPRICHWORT

VORWORT

Die Stärkung der Liebesfähigkeit halte ich für meinen wichtigsten Lebensauftrag. Mein Leben lang sehnte ich mich nach Liebe und lebte sie, ohne sie in ihrer vollen Bedeutung zu verstehen. Ich plagte mich zunächst mit der Suche nach der Freiheit und stellte fest, dass der Mensch erst dann frei ist, wenn es ihm gelingt, die Liebe sich selbst gegenüber sowie zu seinem Nächsten trotz aller Vorbehalte und Kränkungen zu spüren. Im Zusammensein mit Eltern von schwerst behinderten Kindern durfte ich an der großartigen Selbstlosigkeit der Liebe teilhaben. Auf schicksalhaften Wegen lernte ich von Martha Welch die Festhaltetherapie, die ursprünglich vor allem für autistische Kinder gedacht war, kennen, weitete sie aber zunehmend aus und kombinierte sie mit anderen therapeutischen Ansätzen, vor allem mit dem Familienstellen nach Bert Hellinger.

Wenn ich auf die jahrzehntelangen Erfahrungen, die ich bei der Festhaltetherapie sammeln konnte, und auf die Geschichte meiner Publikationen zurückblicke, fällt mir auf, dass dieses Ringen um die Liebe wichtigste Erkenntnisse über die Liebe hervorbrachte. Dies zeigt sich bereits daran, wie sich die Definition des Festhaltens wandelte. Zunächst (bis etwa 1993) bedeutete das Festhalten, »den Menschen, der in tiefer seelischer Not ist, in den Arm zu nehmen und ihn so lange mit Liebe festzuhalten, bis er seine Wut ausgeschrien und seinen Kummer ausgeweint hat und sich wieder freier und zufriedener fühlt.«

Nach und nach wuchs jedoch die Erkenntnis, dass beide, die auf der Matte miteinander ringen, also sowohl das Kind als auch die Mutter (oder der Vater), das gleiche Recht auf die Äußerung ihrer Gefühle haben. Nach heutiger Definition eignet sich deshalb das Festhalten auch auf hervorragende Weise zum Austragen von Konflikten, die sprachlich nicht zu bewältigen sind. Durch die zustande kommende emotionale Konfrontation bekommen beide die Chance, sich in die geäußerten Gefühle des Gegenübers einzufühlen und sie zu verstehen. Auf diese Weise kann die Bindung erneuert werden und jeder kann sich trotz aller geäußerten Vorbehalte lieben und geliebt fühlen. Die Einfühlung wurde also immer mehr zum Hauptthema des therapeutischen Prozesses. Ohne Einfühlung gerät das Festhalten in Gefahr, in eine reine Konditionierung bzw. in eine Zähmung zu münden. Nur unter der Einfühlung gelingt es, die Herzen zu öffnen.

Je intensiver die leibliche Wahrnehmung ist, umso tiefer ist auch die Einfühlung. Mit dieser Erkenntnis begriff ich, dass die Einfühlung der innigste Kern der Liebe ist. Zu diesem Zeitpunkt war ich bereits siebzig Jahre alt. Zu alt, um die erotische Liebe so zu leben. Aber noch jung genug, um die Bedeutung, die die Einfühlung hat, weiterzugeben.

Es macht mir, aber nicht nur mir, Angst, dass die Liebesfähigkeit der Menschen in der technisch zivilisierten Welt von Jahr zu Jahr schwindet. In der Welt der Computer und der Genmanipulation wird es immer kälter. Der Mensch braucht den Menschen scheinbar immer weniger. Als würde die Menschlichkeit durch die Bindung an technische Geräte entstehen und nicht durch zwischenmenschliche Bindungen. In welch eine Sackgasse ließen sich die Menschen verleiten, verblendet durch die Eitelkeit ihres Intellekts, der den materiellen Wohlstand ermöglicht. Jeder hat seine eigenen Mokassins. Er braucht die des anderen nicht anzuziehen. Jeder hat sein Bankkonto, sein Auto, seine vier Wände, sein Fernsehgerät, seine Mailbox und seinen gefüllten Kühlschrank. Wenn jeder seine eigenen Dinge besitzt, braucht er sie mit dem Nächsten nicht zu teilen. Für den Satten ist es nicht notwendig, sich in den Hungrigen einzufühlen. Wenn in einer Liebesbeziehung Spannung herrscht, müssen sich die beiden nicht mühevoll auseinandersetzen, sondern können sich den Luxus erlauben, sich in die jeweils eigene weich gepolsterte Nische zurückzuziehen.

Wo die Geborgenheit in der Liebe fehlt, sucht der Mensch zumindest Sicherheit. Am einfachsten findet er sie bei den technischen Gegenständen. Sie scheinen zuverlässiger zu sein als die oft unberechenbaren menschlichen Bindungen. Bereits im frühen Kindesalter unternimmt der kleine Mensch in der Isolation seiner vier Wände einsame Streifzüge durch die virtuelle Welt des Internets. Die hohen Scheidungsraten, die zunehmende Anzahl der Singlehaushalte in den Städten und die Unruhe und Aggressivität der Kinder zeugen von der Auflösung sozialer Bindungen. Doch das Bedürfnis, geliebt zu werden und lieben zu können, ist unverändert da. Aber da ist auch die Angst, die Bindung wieder zu verlieren und erneut zu vereinsamen. Weil es sehr schmerzhaft ist, diesen Mangel an Liebe zu spüren und den Egoismus und die Rücksichtslosigkeit der Umwelt auszuhalten, betäuben sich immer mehr Menschen mit den unterschiedlichsten Genussmitteln. Dazu gehören nicht nur Alkohol, Drogen, Fernsehen und Internet, sondern auch die Selbstbetäubung durch die narzisstische Pflege des eigenen Egos. Abgestumpft, wie viele mittlerweile bereits sind, erkennen sie nicht einmal, was ihnen eigentlich fehlt. Entfremdung greift immer mehr um sich.

Erst wenn die Not groß ist, sind wir bereit, nach den Ursachen und nach Hilfe zu suchen. Anselm Grün drückt dies in dem Bild über den Durchzug durch das Rote Meer sehr schön aus: »Die Verwandlung geschieht auf dem Grund des Meeres, auf dem Grund unserer Angst und Verzweiflung, nicht dort, wo wir noch vom sicheren Ufer aus auf unsere Angst schauen können.« Die Weisen haben es schon erkannt: Es geht um den Mangel an Liebe. Ausschließlich die Liebe in ihrer Polarität zwischen dem Ich und dem Du, zwischen Nehmen und Geben, die nicht nur in den guten, sondern auch in den schlechten Zeiten gelebt wird, macht den Menschen menschlich. Jede Seele kommt mit diesem Bedürfnis auf die Welt und möchte schon im Leib der Mutter erleben, dass dieses Bedürfnis gesättigt wird. Und ist sie nicht spürbar, dann wird gesucht, was denn die Liebe blockiert. Man untersucht die Ufer ihres Flusses. Man prüft die gefährdenden Umwelteinflüsse. Von außen versucht man an ihre Wurzeln heranzukommen.

Doch die Wesenskraft der Liebe ist im Inneren verankert. Ihr göttlicher Kern ist ein feinstofflicher Funke, der mit quantifizierbaren Prüfungsmitteln wie Statistiken nicht fassbar ist. Er ist aber leicht in seiner Wirkung erkennbar, denn er hat die Kraft eines Lichtstrahles. Das Licht erkennst du erst dann, wenn es bei dir angekommen und von dir wahrnehmbar ist. Diese Strahlung der Liebe geschieht durch die Einfühlung. Sie ist für die Liebe so unverzichtbar, wie es das Gefälle eines Berghanges für den Fluss des Wassers ist. Was der Atem für das Herz ist, ist die Einfühlung für die Liebe. Sie ist ihr belebender Atem. Romano Guardini deutet diesen verborgenen, jedoch fühlenden Dialog zwischen zwei Menschen als den reinen Ausdruck des Menschseins. Erkennbar ist die Einfühlung erst nach ihrem wirkenden Erscheinen. In diesem Zusammenhang fällt es mir schwer, den philosophischen Begriff »phänomenologisch« nicht zu erwähnen. Die klassische Naturwissenschaft tut sich mit dem Thema der Einfühlung schwer. Am ehesten wurden ihr die großen Theologen Edith Stein, die im Jahr 1916 ihre Dissertation über die Empathie am Lehrstuhl des Phänomenologen Edmund Husserl schrieb, gerecht sowie Martin Buber mit seinem 1923 erschienenen Werk *Ich und Du*. Ist diese zeitliche Übereinstimmung nicht merkwürdig? Die beiden Theologen haben sich persönlich nicht gekannt, konnten sich also nicht gegenseitig beeinflussen. Diese Inspiration (»spiritus in«) wurde aus einer anderen Quelle gespeist. Sie ereignete sich aber interessanterweise ausgerechnet am Ende des Ersten Weltkriegs, als das Interesse an der technischen Machbarkeit wuchs. Bis auf diese beiden Theologen haben alle anderen Forscher – bis heute – die Empathie mehr oder weniger ignoriert. So werden beispielsweise in Daniel Golemans Buch *Emotionale Intelligenz* nur 18 Seiten der Einfühlung gewidmet, bei einem Gesamtumfang von 422 Seiten, im *Handbuch psychoanalytischer Grundbegriffe* sind es vier von insgesamt 854 Seiten. Warum fand dieses so wichtige Bedürfnis bisher so wenig Beachtung? »Sie haben Augen zum Sehen und sehen nicht, sie haben Ohren zum Hören und hören nicht«, könnte man im Sinne der Bibel sagen.

Auch den Atem nimmt man als etwas Elementares und Selbstverständliches nicht wahr, solange er von sich aus, also spontan geschieht. Erst wenn er wegbleibt und der Mensch am Ersticken ist, ergreift ihn eine tiefe existenzielle Angst und er sucht eine schnelle Rettung. Die Warnsignale, dass die Fähigkeit der Einfühlung immer mehr schwindet, werden jeden Tag deutlicher: Zunehmend treffen wir Anzeichen der Verrohung an und ein immer kälter werdendes Miteinander. Aus dieser Not heraus werden Forschungen über die Entstehung der Bindung und die mütterliche Feinfühligkeit (M. Ainsworth, K. und K. Großmann, H. u. M. Papousek u.a.) angestellt. Auch befassen sich in jüngster Zeit zunehmend Fachbücher mit dem Thema Einfühlung, meist unter dem Schlagwort Empathie. Die Zeitschrift *Psychologie heute* widmete im Mai 2001 beinahe das ganze Heft dem Thema. »Wie gut!«, meine ich auf Anhieb jedes Mal, wenn ich auf diese Betrachtungen stoße. Dann fällt mir aber rasch die materialistische Gewichtung auf. Anstatt den Wert der Liebe in den Vordergrund zu stellen, wird eher die Neurochemie der affektiven Prozesse beschrieben. Zweifellos gehört auch das Verständnis für das Geschehen im Gehirn zum Verständnis des Ganzen. Aber die einfache Tatsache, dass ohne Einfühlung die Liebe nicht gelingt und sie deshalb gepflegt werden muss, findet dabei zu wenig Beachtung.

Als ich das Buch *Der Empathie-Faktor* von A. Ciaramicoli las, gewann ich zunächst den Eindruck, dass sich mein Buch erübrigen würde. Der Autor bringt zum Ausdruck, was mir am Herzen liegt. Ich teile seine Ansichten und fühle mich geschwisterlich mit ihm verbunden. Wenn ich aber versuche, mich in die Leser des Buches einzufühlen, befürchte ich, dass sich manche überfordert fühlen könnten, allein mit dem Umfang von mehr als 300 Seiten, aber auch mit dem akademischen Niveau. In meinen Augen ist ein leichter zu lesendes, weniger umfangreiches Buch sinnvoll, das für den Leser auch praktische Empfehlungen enthält.

Bewusst verzichte ich auf den Begriff *Empathie* und spreche lieber von Einfühlung. Die beiden Begriffe, der aus dem Altgriechischen stammende und der deutsche, sind etymologisch und sinngemäß gleich: »em« = »ein« und »pathos« = »Gefühl, Ergriffenheit, Leiden«. Auch habe ich nicht vor, philosophische Ausführungen anzustellen. Ich möchte gerne so schreiben, dass sich jeder bodenständig denkende Mensch angesprochen und zum Handeln angeregt fühlt.

Zunächst untersuche ich konkrete Situationen in unserem Alltag, in denen die Bereitschaft zur Einfühlung verloren gegangen scheint. Bei der Spurensicherung beginne ich an der Oberfläche der Außenwelt und wende mich dann immer mehr in die Tiefe der Innenwelt, wo die Liebe und die Identität des Menschen gefährdet sind. Dabei untersuche ich auch die Wirkkraft der dunklen Seite der Einfühlung, wenn diese rücksichtslos zum eigenen Vorteil missbraucht wird. Erst aufgrund dieser Beispiele versuche ich die Erkenntnisse zu verallgemeinern, die Einfühlung zu definieren, den während der Kindheit notwendigen Lernprozess zu beschreiben, auf die Blockierungen hinzuweisen und schließlich Empfehlungen für alle anderen Lebensstufen abzuleiten.

Fehlende Einfühlung

Alles nun, was ihr wollt, dass die Menschen euch tun,
das tut ihnen ebenso.
Denn: Das ist das Gesetz und die Propheten.
MATTHÄUS 7,12

IN DER U-BAHN UND IM ZUG

Wem gehört der Sitzplatz?

Zwei junge Frauen sind in ein reges Gespräch vertieft. Kein billiges Thema und auch keine billigen Kleider: Armani und Joop! Sie sind geschmackvoll geschminkt. Da steigt ein alter Mann mühevoll ein. Er schaut sich nach einem Sitzplatz um, findet aber keinen. Mit einer Hand hält er sich an der Stange beim Ausgang fest. Mit der anderen stützt er sich auf seinen Stock. Es schüttelt ihn von links nach rechts, seine Parkinsonerkrankung macht ihm zu schaffen. Niemand steht auf, um ihm einen Sitzplatz anzubieten. Am nächsten von ihm sitzen die beiden jungen Frauen, nehmen ihn aber nicht wahr. Vertieft in ihr Gespräch haben sie den Greis nicht registriert, meine ich. Leider kann ich dem Mann keinen Platz anbieten, ich habe auch nur einen Stehplatz. Nun, ich bin zwar schon über siebzig, aber ich bin immer noch rüstig. Der Mann dagegen ist schlimm dran. Also helfe ich ihm, da er sich offensichtlich selbst nicht traut, um Hilfe zu bitten, und spreche die beiden Frauen an:

»Könnten Sie bitte diesem alten Herrn einen Platz frei machen?«

»Wir waren aber zuerst da«, gibt mir eine der Frauen zur Antwort. Und die beiden schauen mich an, als wäre ich ein suspektes Element, das sich in der Schlange vor dem Skilift nach vorne drängelt. Kein Richter kann mich mit schärferem Blick zurechtweisen. Offensichtlich befinden sich die Frauen im Recht. Komische Logik. Unerhört! Also helfe ich der Logik auf die Beine:

»Der Herr ist aber älter als Sie.«

Die Frauen beachten mich zunächst nicht. Betrachten sie mich als eine komische alte Frau? Ich lasse mich nicht abschrecken und wiederhole mein Argument etwas lauter, worauf sie mir erwidern:

»Das ist doch sein Problem. Sie sind auch eine Alte und verlangen für sich keinen Sitzplatz.«

Ich bin sprachlos. Nicht weil ich keine anderen Argumente parat hätte. Jetzt hätte ich nämlich auf die wahrnehmbaren Unterschiede zwischen mir, die noch fit ist, und dem alten gebrechlichen Mann aufmerksam machen müssen. Es wäre eine Aufklärung über die Parkinsonerkrankung fällig und darüber, wie mühselig dieser alte Herr versucht, seine Bewegungskoordination zu steuern. Voraussetzung aber wäre, dass die beiden jungen Damen mir zuhören, sonst hätte mein Aufklärungsversuch keinen Sinn. Aber die beiden unterhalten sich weiter über ihr Thema und würdigen mich keines Blickes mehr. Zwischenzeitlich haben aber einige andere Passanten aufgehorcht. Allmählich sind wir beide, der Alte und ich, im Mittelpunkt. Mir ist es nicht peinlich, ich bin öffentliche Auftritte gewohnt. Unangenehm ist es nur dem alten Herrn.

»Lassen Sie es, bitte. Ich steige sowieso bald aus.«

»Jemand muss es aber sagen«, widerspreche ich dem Herrn.

»Bitte nicht!«, sagt der Mann und versucht, von mir Abstand zu gewinnen. Mit meinem Missionieren erweise ich ausgerechnet diesem alten Herrn einen Bärendienst. Hätte ich lieber geschwiegen, schießt es mir durch den Kopf. Und ich schweige.

Ja, so geht es uns. Um Unannehmlichkeiten aus dem Wege zu gehen, verstummen wir lieber und schauen der zunehmenden Verrohung tatenlos zu.

Die beiden jungen Frauen, die sich im Recht fühlen, haben eine völlig andere Logik. Sie orientieren sich an bestimmten äußeren Ordnungen, in diesem Falle an der zeitlichen Reihenfolge des Einsteigens in die U-Bahn. Das innere Empfinden des Mitmenschen machen sie dabei nicht zum Maßstab. Um diese Fähigkeit auszubilden, wäre es notwendig, sich in das innere Empfinden hineinzuversetzen. Dann hätten sie auch meine Lage und die des alten, kranken Mannes differenziert wahrnehmen können.

Wer versagte bei der Ausbildung dieser Intelligenz des Herzens? Sicherlich nicht die jungen Menschen, sondern diejenigen, die sie ihnen hätten beibringen sollen.

Füße auf dem Sitz

Zunächst ist das Abteil des IC-Zuges von München nach Köln halb leer. Jeder macht es sich bequem, so gut er kann. Ich ziehe meine Schuhe aus und lege meine Füße auf den Sitz gegenüber. In Augsburg steigt ein junger Mann ein, etwas über zwanzig, frisch rasiert, gut gekämmt, flotte sportliche Eleganz. Er scheint ein feiner Intellektueller zu sein. Höflich fragt er, ob der Platz neben mir noch frei sei. Ja, natürlich. Als er seine Tasche aufmacht, fällt mir seine vorbildliche Ordnung auf. Kugelschreiber, Farbstifte, Karten, jedes Ding hat hier seinen festen Platz. Der junge Herr zieht eine Biografie von Theodor Fontane aus der Tasche. Also doch! Ich habe mich nicht geirrt. Auf den ersten wie auch auf den zweiten Blick ein junger Gebildeter. Nicht aber auf den dritten Blick! Bevor er das Buch aufschlägt, legt er seine Füße auf den Sitz gegenüber. Mit den Schuhen!

»Ich erlaube mir das Gleiche wie Sie«, kommentiert er sein Tun.

»Das stimmt nicht so ganz. Denn ich habe meine Schuhe ausgezogen«, antworte ich.

»Stört es Sie?«

»Mich stört es nicht. Wenn ich mich aber in die Lage des nächsten Fahrgastes versetze, so stört es mich in dessen Interesse schon. Der Schmutz von Ihren Schuhsohlen wird sich auf seine Kleidung übertragen. Vielleicht wird es eine junge Frau mit einem weißen Rock sein.«

»So habe ich es noch nicht gesehen. Sie mögen Recht haben. Aus Liebe zu der hübschen Frau im weißen Rock lasse ich meine Füße lieber unten.«

Zwischenzeitlich betritt eine Gruppe Jugendlicher den Flur. Wie die Tramps setzen sich alle auf den Fußboden. Aufgeheiterte Stimmung. Kein Randalieren. Anständige Jungen und Mädchen. Ein Schaffner kontrolliert ihre Fahrkarten, macht sie aber nicht darauf aufmerksam, dass sie nicht auf dem Fußboden sitzen brauchen, weil nicht alle Sitzplätze besetzt sind. Also tue ich es:

»In diesem Abteil sind einige Sitzplätze frei«, spreche ich die Gruppe an.

»Für die ganze Gruppe wird es nicht reichen«, antwortet einer von ihnen. »Wir bleiben lieber auf dem Boden.«

Eigentlich sollte ich mich an den Jugendlichen erfreuen. Das Miteinander ist ihnen wichtiger als die Bequemlichkeit. Mein netter Nachbar lächelt bedeutungsvoll.

»Was ist denn?«, frage ich.

»Gerade haben Sie die jungen Leute zu etwas angeregt, weshalb Sie mich ermahnt haben. Wären die Jugendlichen Ihnen gefolgt, so hätten sie den Schmutz vom Fußboden an ihren Hosen auf die Polstersitze übertragen.«

»Stimmt.«

Wie kommt es bloß, denke ich, dass dieser nette, durchaus gut erzogene Mann diese Erkenntnis nicht in seinem Elternhaus bekam. Er erzählt mir, dass seine beiden Eltern von Beruf Gymnasiallehrer sind. Beflügelt von der Freiheitswelle der 70er-Jahre haben sie bei der Erziehung keinen Druck ausgeübt. Weil sie selbst starke Persönlichkeiten waren, folgte der

Sohn ihrem Vorbild gerne. Der Neugierde und dem Wissensdrang ihrer Kinder haben sie ganz bewusst keine Schranken gesetzt. Schon als Kind durfte er bis nach Mitternacht am PC sitzen und er war einer der ersten Jugendlichen, der mit einem Snowboard die Pisten hinuntersausen durfte. Er musste weder die Schuhe ausziehen, wenn er nach Hause kam, noch den Schmutz, der je nach Wetter groß oder minimal war, abputzen.

Zwischenzeitlich betritt eine Mutter mit ihrem etwa vierjährigen Söhnchen unser Abteil. Sie haben einen Platz am Fenster reserviert. Sofort besteigt der kleine Bub den Sitz, um stehend das Geschehen auf dem Bahnsteig zu beobachten. Die Mama begleitet ihn dabei mit einer einfühlsamen Aufmerksamkeit, bestätigt seine Beobachtungen und erklärt. Vorbildlich. Aber auf seine nassen Gummistiefel achtet sie nicht. Die hat er immer noch an.

»Genau das ist das Bild von meiner Kindheit. Ein ähnliches Foto von mir steckt im Familienalbum. Bei der silbernen Hochzeit meiner Großeltern stehe ich als kleiner Knirps auf dem Stuhl am Esstisch und stoße mit den Großen an. Bis heute hat niemand daran Anstoß genommen, dass ich mit meinen Schuhen auf dem feinen Satinbezug stehe, auf den meine Oma so stolz war.«

Ob die kleinen Schuhe auf dem edlen Stuhl bei einem übervollen Esstisch nicht das Symbol für den Zeitgeist sind? Jeder genießt die Überfülle an materiellen Gütern, an Unterhaltung und an Freiheit, ohne dass er dabei Rücksicht auf die Umgebung nehmen muss.

Dabei wäre es so wichtig, dass Eltern ihren Kindern bestimmte Regeln beibringen. In diesem Fall, und dies ist nur ein Beispiel für viele andere Regeln: Zuerst ziehst du die Schuhe aus, dann darfst du auf den Stuhl steigen. Erst durch solch konsequent eingehaltene Verhaltensweisen bilden sich gute Gewohnheiten, die sich schließlich verselbstständigen, so dass man gar nicht eigens daran denken muss. Wenn das Kind dann später noch die logische Begründung zu dem Verhalten erfährt und diese in Zusammenhänge einordnen kann, so wird es das Gelernte bewusst anwenden – oder auch nicht.

In der früheren tschechoslowakischen Republik entstand im Zusammenhang mit nie ganz fertig gestellten Siedlungen eine besondere Umgangsform. Die Umgebung der Hochhäuser war meist eine einzige, unaufgeräumte Baustelle. Man musste sich durch den Matsch kämpfen, der je nach Wetter mal einem dunklen Sumpfland, mal einer weißgrauen Kalkgrube ähnelte. Man konnte von Glück sprechen, wenn die Bretter, die man von Haus zu Haus als Brücke hinlegte, noch nicht geklaut waren. Um dem Gastgeber und den Gästen den Empfang störungsfrei zu gestalten, gebot es der Anstand, dass jeder Gast seine eigenen Hauspantoffeln mitbrachte. Ferner gehörte es sich, dass der Gastgeber dem Gast, der seine Pantoffel nicht dabeihatte, half, indem er ihm ein Paar Pantoffel anbot, die er speziell für seine Gäste zur Verfügung hatte. Daraus entwickelte sich eine eigene Kultur der Wertschätzung. Es gehörte sich nicht, dass der Gastgeber die von einem früheren Gast benutzten Schuhe dem nächsten Gast anbot, ohne sie gewaschen zu haben. Demzufolge florierte eine Mode handgestrickter Pantoffel, die frisch gewaschen im Schränkchen vor dem Eingang parat standen. »Haben Sie gemerkt, dass der J. niemals seine eigenen Pantoffel mitbringt? Ein Filou!« Ich selbst habe mich daran nie richtig gewöhnt. Wahrscheinlich deshalb, weil ich selten Freunde hatte, die in Siedlungen wohnten. Nach meiner Flucht in den Westen knüpfte ich gerne an hiesige Umgangsformen an, weil sie den Umgangsformen in meiner Jugend ähnlich waren. Es gehört sich, dass der Gast seine Schuhe auf dem Fußabstreifer abputzt und das Empfangszimmer mit den Schuhen betritt. Seit der Wende kommen jetzt häufig Gäste aus meiner alten Heimat zu Besuch. Ich begrüße die ganze Gruppe an der Tür, möchte jedem Einzelnen meine Hand reichen oder ihn in den Arm nehmen – aber o weh! Der eine hält seine Schuhe in der Hand, der andere bückt sich noch, um die Schnürsenkel zu lockern, die anderen schauen nach meiner nicht existierenden Ablage für die Gästepantoffel. In der Regel lassen sie sich nicht überzeugen, dass das Ausziehen der Schuhe in diesem Lande nicht verlangt wird. Wie ein eisernes Hemd kann eine Gewohnheit wirken. Letztendlich betreten die tschechischen Gäste mein Wohnzimmer in Socken. Ich bin dann die Einzige, die Schuhe anhat.

Schaut man sich in der Welt um, stellt man fest, dass es im Bezug auf das Ausziehen der Schuhe die verschiedensten Sitten gibt. Auch in vielen amerikanischen und türkischen Familien erwartet man von den Gästen ganz selbstverständlich, dass sie ihre Schuhe ausziehen und diese im Treppenhaus abstellen. Man begründet diese Umgangsform nicht damit, dass das Gelände um die Hochhäuser dreckig ist, wie damals in der CSSR. Eher damit, dass man in »das hoch geschätzte Königreich«, für welches die Wohnung gehalten wird, erst nach bestimmten reinigenden Ritualen eintreten darf. Macht das Sinn? Denn schließlich wird den Gästen, die zur Audienz beim Papst eingeladen sind, das Ausziehen der Schuhe auch nicht angeordnet. Und man sieht in keiner Fernsehübertragung, dass Gäste in Königspalästen auf Socken gehen.

Unabhängig von der Begründung, die in dem jeweiligen Kulturkreis gilt, hat sich der dort lebende Mensch ihr anzupassen. Er signalisiert damit seinen Mitmenschen, dass er bereit ist, ihre Lebensweise zu achten und zu teilen. Selbst wenn mir als Nichtraucher die Friedenspfeife nicht schmeckt, rauche ich sie mit dem Indianerhäuptling. Erst aufgrund dieser gemeinsamen Erfahrung sind wir imstande, gemeinsam zu verhandeln.

Ausweichen

Ich gehe durch den Gang in den Speisewagen. Mir entgegen schreitet eine mächtige, sportlich gekleidete Frau. Zu welcher Sportdisziplin könnte man sie zuordnen, schießt es mir durch den Kopf. Eine Hammerwerferin oder eine Gewichtheberin? Wegen ihres riesengroßen Rucksacks wirkt sie von hinten noch breiter als von vorne, wo sich ihr üppiger Busen zeigt. Die ganze Breite des Ganges ist durch ihre Erscheinung versperrt und ich komme an ihr nicht vorbei. Wie weichen wir uns aus? Es ginge nur, wenn jede von uns die Luft anhält und mit einem Schrittchen in die offene Türe eines Abteils ausweicht. Mit diesem Gedanken im Kopf schaue ich sie an. Aber sie schaut nicht zurück. Sie geht und geht und geht wie ein programmierter Roboter. Noch ein Stückchen und ich gehe unter. Den ersten Schritt wage ich doch, indem ich sie mit »Gestatten Sie bitte« anspreche und ihr mit meinen Bewegungen andeute, wie wir uns seitlich ausweichen könnten. Sie aber verhält sich wie die drei Affen: Sie sieht mich nicht, sie spürt mich nicht, sie hört mir nicht zu. Als würde es mich nicht geben, setzt sie ihren Weg fort. Was bleibt mir übrig, als einige Schritte rückwärts zu machen, in das nächste Abteil auszuweichen und die Frau vorbeigehen zu lassen? Erst dann kann ich meinen Weg in Richtung Speisewagen antreten. Uff! Was bestelle ich mir zur Beruhigung?

Nach dieser Begegnung überlege ich, was die Frau wohl als Kind erlebt hat. Vor meinem inneren Auge sehe ich das Bild eines kleinen Mädchens, das losgelöst von der Mutter ganz frei auf dem Gehsteig hin und her läuft. Im Vorbeilaufen an den Menschen nimmt es nur deren Beine wahr, jedoch keine Gesichter. Von niemandem wird das Kind angesprochen, wenn es zufällig mit jemandem zusammenstößt. Es ist auch keine Mutter da, die ihr Kind begleitet, es an die Hand nimmt und ihm sagt: »Mein Liebling, guck mal, du bist hier nicht alleine. Den

Menschen tut es nicht gut, wenn du sie anstößt. Manche sind alt und gehen nur mit Mühe, manche tragen schwere Taschen. Denen müssen wir ausweichen. Und wenn wir trotzdem mit jemandem zusammenstoßen, dann entschuldigen wir uns. Lass es uns zusammen üben.« Eine geduldige, liebevolle, am Vorbild der Eltern orientierte Erziehung wäre das.

IN DER FUSSGÄNGERZONE UND BEIM EINKAUFEN

Beides befindet sich heute oft sozusagen unter einem Dach. Und das ist auch gut so. Dass die ganze Fußgängerzone wie ein großes Einkaufszentrum gestaltet ist, in dem man noch gemütlich spazieren gehen, Bekannte treffen und Kaffee trinken kann, empfinden wir als Genuss. Große Leute, kleine Leute, Deutsche und Ausländer, Schwarze und Weiße, Behinderte und Nichtbehinderte, Fußgänger und Rollschuhfahrer, Tauben und Hunde, alle haben hier Platz. Nicht immer und nicht für jeden ist aber sein Platz gut. Das, was für den einen genüsslich kunterbunt sein kann, erscheint dem anderen zu stressig. Am Samstagvormittag spitzt es sich besonders zu.

Kinder im freien Spiel

Ein blinder Mann tastet sich mit seinem Stock nach vorne. Zwei Mädchen, etwa fünf Jahre alt, spielen um den Mann herum Fangen. Aus der Sicht der Kinder stellt der Blinde ein optimales Objekt dar, hinter dem man sich für einen Moment verstecken und lauern, die Beute fangen oder von hier aus von Neuem zur weiteren Verfolgungsjagd starten kann. Das gleiche Spiel ist aus der Sicht des Blinden eine Qual. Er wird dauernd irritiert und immer wieder vor neue Hindernisse gestellt. Immer wieder wird er von den Kindern auch angestoßen. Die Freude der Kinder am Spiel kann er nicht teilen.

»Bitte spielt anderswo«, sagt er. Im Rausch des Spieles nehmen ihn die Kinder aber nicht wahr. Ich mache mich zum

Anwalt des Blinden und spreche die Kinder selbst an. Auf mich hören sie auch nicht. Das nehme ich ihnen auch nicht übel, ich bin ja keine maßgebende Bezugsperson für sie. Eine Fremde. Wo sind denn die Eltern? Den Eltern obliegt es ja, ihr Kind zu maßregeln. Ich stelle meine Frage laut: »Wo sind die Eltern dieser Kinder?« Niemand meldet sich. Alle Passanten gehen an unserer Gruppe vorbei. Die Gruppe heißt: der Blinde, die beiden Mädchen und ich. Alle dicht beieinander. Der Blinde erstarrt in seiner Desorientierung und Angst, die Mädchen spielen nach wie vor begeistert Fangen und ich, die die Eltern der Kinder sucht. Kein Mensch hält an, kein Mensch schaut uns an. Alle laufen vorbei. Nur drei in ein leidenschaftliches Gespräch vertiefte Frauen sind noch zu sehen.

»Wollen Sie, dass ich Ihnen helfe?«, frage ich den Blinden. Ich weiß ja, wie empfindlich Behinderte auf unnötige Hilfestellungen reagieren, sofern sie sich selbst helfen können. Dieser Betroffene nickt mir aber zu. Dann schnappe ich mir eins der Mädchen, halte es an den Schultern und sage ihm von Angesicht zu Angesicht:

»Schau, wen du mit deinem Spiel störst. Dieser Mann kann nicht sehen und kann nicht mitspielen. Er traut sich keinen weiteren Schritt zu machen, wenn du ihm in den Weg springst. Von seinem Stock, der für ihn schaut, bekommt er dann nämlich einen Hinweis, dass er nicht weitergehen darf. Geht bitte ein Stückchen weiter und spielt dort, okay? Dann kann der Stock wieder gut sehen und den Mann führen.«

Sofort ist das Mädchen einsichtig. Es bricht das Fangenspiel ab und möchte sich den wundervollen, sehenden Stock anschauen. Der Blinde macht es möglich.

In der gleichen Minute schreit mich aber eine gestylte junge Frau an: »Was treiben Sie hier mit meinem Kind? Sie haben es sogar berührt. Ich habe Sie gesehen. Mein Kind darf von niemandem berührt werden. Verschwinden Sie sofort! Sonst rufe ich die Polizei.«

So. Jetzt stecke ich in einer schönen Patsche vor lauter Helfenwollen. Nun versucht der Blinde mir zu helfen. Wie wunderbar kann er sich aus seiner eigenen Betroffenheit heraus in meine Lage versetzen. Er versucht zu erklären, worum es eigentlich geht. Aber ich sehe, was er nicht sehen konnte. Diese Blondine ist eine der Frauen, die die ganze Zeit lang in unserer unmittelbaren Nähe stand und ratschte.

»Also Sie sind die Mutter. Ah! Die Mutter, die ich gerufen habe und die die Verantwortung für ihr Kind zu tragen hat.« Meine Stimme klingt wie die der Nemesis, der Göttin der Gerechtigkeit. Im Augenblick meines Zornes fällt mir glücklicherweise ein, dass die Kinder zuhören. Fühle ich mich in das Kind ein, dann darf ich die Achtung für seine Mutter nicht herabsetzen, denke ich. In der Gegenwart des Kindes darf ich die Mutter nicht klein machen. Also nehme ich meinen scharfen Ton zurück. Entwaffnen muss ich aber die Frau doch. Ich versuche es mit Güte.

»Während des spannenden Gesprächs mit Ihren Freundinnen haben Sie sicherlich nicht gemerkt, dass dieser blinde Mann durch das dichte Herumlaufen der Kinder um ihn herum irritiert wurde. Als ich ihr Kind gerufen habe, hat es genauso wie Sie zunächst nicht gehört. Dieses wunderbar einfühlsame Kind hat aber sofort begriffen, dass es auf den blinden Mann Rücksicht nehmen muss, als ich es ihm näher erklärt habe. Sie haben ein tolles Kind. Es ist sicherlich Ihr Verdienst, dass es sich so gut einfühlen kann. Meinen Glückwunsch.«

Wie unter Zeitlupe werden die Gesichtszüge der Frau weicher. Ein Strahl der Liebe leuchtet in ihren Augen auf. »Danke.«

Rollschuhfahrer

Im Grunde fühle ich mich in der Fußgängerzone recht frei. Sobald jedoch ein Rollschuhfahrer an mir vorbeisaust, hört meine Gelassenheit auf. Es wird mir schlagartig bewusst, dass der hinter mir Fahrende auf mich auffährt, wenn ich nur ein bisschen seitlich ausweiche. Einige Male habe ich Inlineskater deshalb darauf angesprochen. Ohne Ausnahme bekam ich von allen zur Antwort: »Ich passe doch auf.«

»Tja, aber wie erkennst du in Sekundenbruchteilen, zu welcher Bewegung der alte Fußgänger neigt?«

Darauf blieben mir die Rollschuhfahrer eine konkrete Antwort schuldig. Auch ich lasse hier die Frage offen. Jedenfalls steht fest, dass trotz der schnellen, beinahe artistischen Rollschuhfahrten wenig Unfälle in den Fußgängerzonen passieren. Am ehesten könnte ich mit einer Gegenfrage antworten: Wer passt mehr auf und wer fühlt sich demzufolge unfreier, die Fußgänger oder die Rollerblader?

Der Papa mit dem Kängurusack

Viele Passanten drehen sich nach ihm um. Auf den ersten Blick gibt dieser junge Mann mit dem kleinen Baby im Kängurusack ein wirklich beeindruckend schönes Bild ab. Ein toller Mann! Schade, dass unsere Väter sich nicht so väterlich verhalten haben. Unter der Bewunderung der Vorbeigehenden, zweifellos aber vor allem stolz auf sein Kind, fühlt sich der junge Papa prächtig. Sein Blick ist nach vorne gerichtet, hin zur Sonne, in die Ferne des Frühlingstages. Dabei schaut er sein Baby gar nicht an. Es ist ja mit dem Rücken zu ihm gewandt. Er kann nicht sehen, dass das Köpfchen dieses vier bis fünf Monate alten Säuglings herunterhängt und dass sein Gesichtchen keine Neugierde zeigt und keine Freude ausstrahlt. Vielmehr fühlt sich das Baby überfordert durch die vielen unvertrauten Reize, denen es in der stark frequentierten Fußgängerzone ausgesetzt wird. Um sich selbst zu schützen, schaltet das Baby seine Wahrnehmung ab. Es ist anzunehmen, dass es auch seinen Vater nicht voll wahrnehmen kann. Es spürt ihn nur mit seinem Rücken und durch die rhythmische Verbundenheit mit seinen Schritten. Die Wahrnehmung der beiden geht aneinander vorbei.

Dem jungen Vater kann ich es gar nicht übel nehmen, offensichtlich ist er bereit, für seinen Sprössling das Beste zu tun. Aber warum ist er nicht an dem Gesichtsausdruck seines Babys interessiert? Denkbar ist, dass er gelernt hat, sein Kind technisch korrekt zu pflegen, und dass er von der Richtigkeit seines Verhaltens absolut überzeugt ist. Ob ihm seine Frau auch andere Arten des Tragens gezeigt hat als die, die auf den Werbefotos dargestellt sind? Wie viel besser wäre es, wenn er sein Kind so tragen würde, dass er es von Antlitz zu Antlitz anschaut, um ihm seine Lautäußerungen und Gefühle widerzuspiegeln. Dadurch könnte er ihm auch vermitteln, dass er weiß, wie es ihm geht.

Fast schon entschlossen, den jungen Vater anzusprechen, überkamen mich dann doch Bedenken. Ich stellte mir vor, wie er auf meine Ansprache reagieren würde. Höchstwahrscheinlich würde er mir sagen, dass er den Kängurusack auf Wunsch seiner Frau trägt, weil sie es für richtig hält. Davon müsste ich ableiten, dass sich seine Frau genauso wenig in das Baby einfühlt wie er auch. Und dann ecke ich an, als wäre ich eine böse Schwiegermutter. Lieber drehe ich mich um und gehe weiter und nehme mir vor, darüber mal einen Artikel in einem Ratgeber zu schreiben.

Ein Kind wartet auf seine Mami

Vor dem Eingang ins Kaufhaus ein chaotisches Menschengetümmel. Ein Hin und Her. Hier können nur die Großgewachsenen einen Überblick haben. Die Kleinen können verloren gehen, denke ich zunächst auf mich selbst bezogen. Denn ich war schon immer von kleiner Statur und mit zunehmendem Alter werde ich immer kleiner. Da höre ich ein Kind weinen. Ich sehe es nicht, hörend folge ich dem Geräusch. Hier steht es! Ein kleiner Junge, etwa sechs Jahre alt. Ein Häufchen Elend. Auf meine Frage hin erzählt er, dass er auf seine Mutter warte. Sie habe ihm aufgetragen, so lange zu warten, bis sie wiederkommt. Sie ginge nur in die nächste Boutique, habe sie ihm gesagt. Aber er warte schon sehr, sehr lange und sie kommt immer noch nicht. Er fürchte sehr, dass ihr etwas zugestoßen sei. Die Bösen haben sie gefangen. Ja, die Bösen, die durch die Luft fliegen. Zudem habe er Durst und pinkeln müsse er auch.

»Ich bleibe bei dir, bis die Mami kommt, okay?« Ich versuche den Jungen zu trösten und biete ihm meinen Orangensaft an. Ich frage ihn, wie seine Mami aussieht. Groß oder klein? Mollig oder schlank? Er weiß es nicht. Nur, dass sie Jeans und ein buntes Hemd angezogen hat und dass sie lieb ist, das weiß er. Ich stehe also neben ihm und halte Ausschau nach einer lieben Frau in blauen Jeans und buntem Hemd. Es kommen so viele, auf die die Beschreibung passt, vorbei. Ab und zu spreche ich eine von ihnen an, ob sie nicht ein Kind sucht. Zur Antwort bekomme ich meist einen entsetzten Gesichtsausdruck. Wie eine Verrückte komme ich mir vor. Und wir warten und warten und warten.

Genau 22 Minuten nach meiner Begegnung mit dem Jungen stürmt seine tütenbepackte Mama auf ihn zu. (Hinzu kommt die Zeit davor, als er alleine wartete und die so lange war, dass er schon verzweifelte.) Mit lautem »Mama!« umarmt er sie um die Hüften. Offensichtlich ist es ihr nicht angenehm, schon wegen der vielen Tüten, die sie in beiden Händen hält.

»Mehr als eine halbe Stunde wartet er hier auf Sie, er hat Durst und muss aufs WC«, spreche ich sie an, aber ich bekomme keine Antwort. Als wenn es mich nicht gäbe. Schade! Ich hätte ihr einen kleinen Vortrag über die Wahrnehmungs- und Verarbeitungsfähigkeit eines sechsjährigen Kindes gehalten. Dabei hätte sie etwas vom magischen Denken im Vorschulalter gehört, aufgrund dessen das Kind zwischen Fantasie und Wirklichkeit noch nicht unterscheiden kann und irrationalen Ängsten hilflos ausgeliefert ist. Am liebsten hätte ich sie zu einer Selbsterfahrung verdonnert, die mit der ihres Kindes vergleichbar wäre: als die Kleinste von allen in der Mitte eines chaotischen Menschengetümmels zu stehen, zu dursten und trotz Harndranges nicht auf die Toilette gehen zu dürfen, und dies unübersichtlich lange.

»Warum heulst du schon wieder? Ich habe dir doch gesagt, wo ich bin. Lass mich los und komm!«, ist die einzige Reaktion der Mutter. Zu all seinem Leid wird das Kind auch noch geschimpft.

Ich merke, wie meine Wut hochsteigt. Am liebsten würde ich mich zum Anwalt des Kindes machen oder einfach für das Kind seiner Mutter gegenüber aggressiv sein. Mit zunehmender Lebenserfahrung habe ich jedoch gelernt, meine impulsiven Neigungen mit Hilfe des Verstands zu zügeln. Wenn ich die Frau nur verstehen könnte! Wenn ich nur wüsste, was ihr in ihrem Leben zugestoßen ist, dass sie so wenig Rücksicht auf ihr Kind nimmt! Ich kann sie nicht mehr fragen, sie ist mit schnellen Schritten in der Menschenmenge verschwunden. Ich bleibe mit meinen Gedanken und meinen Erinnerungen an vergleichbare Fälle alleine. Typisch für die meisten rücksichtslosen Eltern ist, dass sie als Kind selbst zu wenig Rücksichtnahme erfahren haben. Entweder haben sie das Schicksal der so genannten Schlüsselkinder erleiden müssen, weil für die berufstätige Mutter keine angemessene Ersatzperson da war. Oder sie selbst wurden in ihrer Kindheit extrem verwöhnt. Die Prinzessin auf der Erbse oder der kleine Tyrann mussten weder lernen, sich einzufühlen, noch mussten sie Rücksicht nehmen. Sie waren es gewohnt, dass alle die Wünsche des kleinen Herrschers erfüllten. Zu welcher Gruppe diese Mutter gehört, ist schwer zu raten. Jedenfalls tut sie mir Leid, denn aufgrund ihrer uneinfühlsamen Art hat sie wenig Chance, Liebe zu bekommen.

Geschenke für Kinder

An einem Geschenk erkennst du, ob sich der Spender in deine sehnsüchtigen Wünsche einfühlen kann. Meine Mutter pflegte mir gerne den Ratschlag zu geben, dass ich demjenigen Verehrer einen Korb geben sollte, der mir zum Geburtstag Manschettenknöpfe für ein Herrenhemd schenkt. Und was wird heute den Kindern geschenkt? Dazu zitiere ich Reinhard Kahl, einen Fernsehjournalisten, der bei dem Göttinger Kongress »Kinder auf der Suche nach Orientierung« von seinen Beobachtungen berichtete: »Die Eltern schenken ihrer zweieinhalbjährigen Tochter ein technisch hochmodernes Dreirad. Sie bemühen sich aber nicht, mit ihr auch das Fahren zu üben. Sie bemerken nicht einmal, dass man erst nach anhaltendem Training Freude am Dreiradfahren haben und das Gleichgewicht halten kann. Die Eltern eines Zwölfjährigen schenken ihm zum Geburtstag eine Konzertgitarre. Als der Junge aus Neugier lässig über die Saiten streift und ebenso lässige, dissonante Töne zu hören sind, meint der Vater: ›Wie toll du schon spielen kannst.‹« Auf den Hinweis Kahls, er beherrsche das Instrument ja noch gar nicht, das Lob sei ein wenig verfrüht, antwortet die

Mutter: »›Aber man muss sein Kind doch ab und zu loben.‹ Die neunzehnjährige Tochter ist zu Studienbeginn aus dem Hessischen nach Berlin gezogen. Sie ruft ihren Vater an und bittet ihn, seinen Schlagbohrer mitzubringen, damit sie das neue Regal in ihrem Zimmer aufstellen kann. Als der Vater seine Tochter kurz darauf erstmals in ihrer Studentenwohnung besucht, hat er den Bohrer vergessen. ›Macht nichts, dann kauf dir eben einen‹, antwortet er der Tochter und übergibt ihr das Geld erst kurz vor der Abreise. Der Vater hat jedoch eine wesentliche Sache übersehen: Dass die Tochter gern das Regal mit ihrem Vater gemeinsam aufgestellt hätte.«

Es gefällt mir sehr, dass der Journalist in seinen Familienskizzen die Erwachsenen als wesentlichen Teil des Erziehungs- und Bildungsproblems sieht und sich dabei auf eine Aussage der Philosophin Hannah Arendt (1958) stützt: »Die Welt liegt zwischen den Menschen; und dieses Zwischen ist heute der Gegenstand größter Sorge.«

Ja, das Zwischen ist eben die Einfühlung.

An der Kasse im Supermarkt

Wie immer samstags kurz vor 12 Uhr kann man mit einer großen Warteschlange an der Kasse rechnen. Vor jedem Kunden ein voll beladener Einkaufswagen. Ein junger Mann drängelt sich an den Wartenden vorbei. Er hat keinen Einkaufswagen, seinen Einkauf hält er lose in den Händen: ein Bund Rettich, eine Flasche Cola, eine Packung Aufschnitt. Die erste Kundin, die bereits an der Reihe ist und ihre Ware auf das Band legt, spricht der Vordrängler mit flehentlichem Ton an:

»Könnten Sie mich bitte vorlassen? Ich habe nur ein paar Kleinigkeiten.«

Wenn der junge Mann wirklich einfühlsam wäre, müsste er wissen, dass er nicht nur von dieser Frau ein Opfer verlangt, sondern von allen Kunden, die hinter ihr in der Schlange warten. Im Prinzip müsste er alle diese Kunden um Erlaubnis bitten. Das tut er aber nicht. Er nützt einfach die Güte oder die Verlegenheit eines Einzelnen aus. Ein Pfiffikus! Wie soll man ihm auch eine ablehnende Antwort geben, ohne vor den anderen negativ aufzufallen?

Diese junge Frau konnte es:

»Ich kann sie nicht vorlassen. Ich muss schnell zu meinem Baby, um es zu stillen.«

»Ja, aber ich habe nur ein paar Sachen zu zahlen und Sie haben einen vollen Einkaufswagen«, traute sich der Pfiffikus noch zu kontern.

An dieser Stelle haben sich nun auch die anderen Kunden eingemischt: »Welche Maßstäbe haben Sie eigentlich, junger Mann? Immer schön der Reihe nach. Sie sind zuletzt gekommen, also sind Sie der Letzte. Wenn es für einen eine Ausnahme gibt, dann wäre es die Mutter, auf die das Baby wartet.«

Wie froh ich bin, dass die Menschen noch nicht ganz abgestumpft sind und sich noch für die soziale Ordnung einsetzen! In die Freude bohrt sich der Wurm des Zweifels hinein. Rührt sich Otto Normalverbraucher nicht erst dann, wenn es um die eigene Haut geht?

Noch eine Geschichte von der Schlange an der Kasse

Diesmal spielt die Szene in einem Buchladen. Eine Stätte, in der man eigentlich einen freundlichen, höflichen Umgangsstil erwartet. An der Kasse ist eine junge Afrikanerin an der Reihe. Sie hat einen Reisebegleiter für Englischsprechende in Deutschland in der Hand. Also eine kultivierte, integrationswillige Frau. Hinter ihr stehen etwa fünf Leute an. Die Kassiererin teilt ihr den zu zahlenden Betrag mit:

»Vierzehnfünfundzwanzig.«

»Bitte, sagen Sie es mir noch einmal«, bittet die Afrikanerin. Die Kassiererin tut es mit leicht gereizter Stimme. Die Afrikanerin hat die Worte immer noch nicht richtig verstanden und bittet um nochmalige Wiederholung. Bei der Verkäuferin steigt die Gereiztheit. Sie wiederholt die Zahlen langsam und laut.

»Wäre es nicht eine Hilfe, wenn Sie es der Dame englisch sagen würden? Sie merken doch, dass sie sich ein Buch für Englischsprechende kauft«, rät der nächste Kunde, ein unauffälliger älterer Herr. »Sie könnten es ihr auch aufschreiben. Die Zahlen sind doch in allen Ländern die gleichen.« Bevor die zwischenzeitlich rot angelaufene Kassiererin reagieren kann, bietet der einfühlsame Herr der Afrikanerin verschiedene Hilfen an. Sie bedankt sich sehr und sucht in ihrem Geldbeutel nach dem Geld. Sie wirkt, als würde sie zum ersten Mal das fremde Geld sehen.

»Wird es bald?«, steigert sich die Kassiererin in ihrer Nervosität. Ihre Unruhe springt auf die Afrikanerin über. Offensichtlich ist sie bereit, den Einkauf abzubrechen. Nun zeigt der ältere Herr, wie man helfen kann. Er fragt, ob es in Ordnung sei, wenn er in ihrem Geldbeutel das entsprechende Geld heraussucht. Bevor er es der Kassiererin reicht, meint er, mittlerweile leicht gereizt:

»Ich möchte Sie gerne in einem Laden in Afrika erleben. Auch wenn Sie die dortige Sprache verstehen, möchte ich wissen, wie schnell Sie mit dem einheimischen Geld zurechtkommen. Diese Selbsterfahrung fehlt Ihnen. Fahren Sie einmal hin, ich kann's Ihnen nur empfehlen.«

Ein einmalig guter Ratschlag.

Wie hieß es in dem indianischen Sprichwort so schön? Der Mensch müsste in den Mokassins der anderen und auf seinen Pfaden laufen, um zu wissen, wie es ihm in den Mokassins und auf seinen Pfaden geht. Nur wenn eine solche Erfahrung ermöglicht wird, kann die Saite im Herzen erklingen und sich ein Mitschwingen ergeben. Wenn der Mensch eine solche Erfahrung nie macht, fällt ihm die Einfühlung nicht leicht oder aber er bemerkt ihre Notwendigkeit erst gar nicht.

Im Juwelierladen

Wenn ich einen Laden betrete, stelle ich mich in der Regel vor. Ich sage meinen Namen und reiche dem Gegenuber die Hand. Ich sage nicht, dass ich promovierte Diplompsychologin bin, Ehrenmitglied der tschechischen Gesellschaft für Psychologie sowie der Gesellschaft für Sozialpädiatrie, Präsidentin der Gesellschaft zur Förderung des Festhaltens als Lebensform und als Therapie, Bestsellerautorin und, und, und. Auch verteile ich keine Prospekte von meinen Büchern an das Bedienungspersonal. Aber ich erscheine hier als eine alte, mollige Frau mit einem ausländisch klingenden Deutsch, das gleich beim Guten Tag auffällt. Die Leute glauben zu wissen, wer ich bin.

»Oh, ist das eine schöne Kette«, kommentiere ich ein ausgestelltes Stück, noch bevor ich von dem Juwelier angesprochen werde, was ich mir wünsche.

»Liebe Frau, die Kette ist aber teuer«, bekomme ich zur Antwort. Der Juwelier scheint in mir sofort die osteuropäische Reinemachefrau erkannt zu haben. Ich fühle mich für diese Frau beleidigt. Verflixt noch mal, der Juwelier hat sich keine Gedanken darüber gemacht, was er mir damit signalisiert. Was maßt du einfache Frau dir an? Kennst du überhaupt den Wert von echtem Gold? Hast du überhaupt einen Überblick? Auch bezweifle ich, dass der Verkäufer das Wort »liebe« echt meint. Eher hat das Wort einen Beigeschmack der Ironie.

Fühlt sich der Juwelier in mich hinein, um zu erahnen, was sein Satz bei mir bewirkt? Wenn er es täte, müsste er den Satz anders formulieren, zum Beispiel: »Das stimmt. Eine schöne Kette ist das. Aber wir führen schöne Kette in verschiedenen Preiskategorien. Diese ist eine der teuersten, hier haben wir die billigeren ...«

Dies passiert mir in verschiedenen Läden und bei verschiedenen Sortimenten immer wieder. Sehr oft bringe ich dann den Verkäufer in Verlegenheit, wenn ich ihm zu Antwort gebe: »Der Preis spielt bei mir keine Rolle. Hier haben Sie meine Visitenkarte.« Darauf folgen gestotterte Entschuldigungen.

Eine völlig andere Erfahrung mache ich in Osteuropa. Hier erlebe ich die abwertende Hochnäsigkeit der Verkäuferinnen von Luxusartikeln nicht. Noch nicht. Natürlich bekomme ich auch hier von der Verkäuferin die Information über den hohen Preis für eine Bluse. Meist geschieht es aber irgendwie weicher, feiner. Ich höre so etwas wie ein solidarisches Mitfühlen heraus, etwa in dem Sinne: »Auch mir gefällt die Bluse sehr. Am liebsten würde ich sie selber kaufen. Aber schauen Sie den Preis an. So teuer ist die Bluse!«

»Wie komme ich bitte zum Stadttheater?«

Diese Frage stellte ich einem älteren Herrn, von dem ich annahm, er sei ein Einheimischer, da eine Milchflasche aus seinem Einkaufskorb herausragte. Freundlich beschreibt er mir den Weg. Ich solle zur nächsten Kreuzung, an einer Apotheke vorbei, dann rechts abbiegen, dann sofort links durch eine Passage und dann wieder rechts ... Zu viel Informationen auf einmal, ich fühle mich überfordert und bitte den Herrn, es mir noch einmal zu sagen. Er wiederholt seine Anweisungen freundlicherweise, jetzt aber ganz laut. Überlaut! So, als wäre ich schwerhörig. Wegen der Lautstärke bleiben einige Passanten stehen und beobachten uns. Mir ist die Situation peinlich. Ich will doch nicht, dass die wiederholte Information akustisch intensiver wird, sondern eher langsamer, damit ich die einzelnen Angaben in meine visuelle Vorstellung umsetzen kann.

Der Mann hat mich nicht richtig eingeschätzt. Sofort machte er sich ein falsches Bild von mir und stempelte mich zu einer schwerhörigen Alten ab. Vielleicht meinte er auch, ich sei eitel und dumm, weil ich kein Hörgerät trage. Solche Kränkungen schießen mir durch den Kopf, während der Herr seine Informationen geduldig weitergibt. Und ich spüre, dass ich auch mit mir selbst im Unreinen bin. Anstelle dem Herrn dankbar zu sein, bin ich ihm böse. Warum? Weil er sich nicht in mich eingefühlt hat. Hätte er seine Aufmerksamkeit meiner Körpersprache geschenkt, so hätte er erkannt, dass ich noch gut höre. Typischerweise berührt der Schwerhörige sein Ohrläppchen, versucht sich der Stimme zu nähern und ähnliches. Solche Zeichen habe ich aber nicht gegeben. Vielmehr müsste er an meinem Verhalten erkennen, dass mir seine Stimme zu laut wird. Denn mit einem kleinen Schrittchen weiche ich zurück. Da er es offensichtlich nicht merkt, sage ich es ihm, selbstverständlich freundlich:

»Ich danke Ihnen herzlich für Ihre Mühe. Sie müssen es mir nicht lauter sagen. Ich höre noch einigermaßen gut. Ich möchte nur gerne nochmals Ihre Wegbeschreibung hören, damit ich mir den Weg mit allen Abbiegungen nach rechts und links in der richtigen Reihenfolge vorstellen kann.«

»Pardon«, entschuldigt sich der freundliche Herr. »Wissen Sie, ich bin selber etwas schwerhörig und gewohnt, die Menschen um eine lautere Stimme zu bitten.« Erst jetzt schaue ich den Herrn aufmerksam an und sehe in seinem Ohr das Hörgerät. Ich machte in Bezug auf die Einfühlung den gleichen Fehler wie er. Ich versäumte es, den Menschen wahrzunehmen, den ich anredete. Dieser Herr hat den ersten Teil des Einfühlungsvermögens viel besser als ich erfüllt, indem er aus der eigenen Selbstwahrnehmung heraus mir das gegeben hat, was er sich in einer ähnlichen Situation für sich wünscht. Auf der Strecke blieb allerdings der andere Teil, das heißt, die genaue Wahrnehmung, ob ich nicht anders betroffen bin und mir demzufolge eine andere Hilfe wünsche.

Auf dem Parkplatz

Auf dem öffentlichen Parkplatz ist jeder Quadratmeter besetzt. Es ist der Beginn der Stoßzeit, die Läden schließen bald und viele Angestellte wollen nach Hause fahren. In der Hoffnung auf einen frei gewordenen Parkplatz fahre ich mehr als eine Viertelstunde herum. Endlich! Ein junges Paar schickt sich zum Wegfahren an. Ich halte an, blinke und warte auf die Parklücke. Nach fünf Minuten sind alle Einkaufstüten im Kofferraum. Es ist so weit. Ich starte. Aber die beiden steigen noch nicht ein. Sie fangen an, den Rücksitz zu ordnen. Wohl unnötig um diese Zeit und auf diesem Parkplatz, auf dem ich sichtbar blinkend auf das Einparken warte. Die beiden aber sehen mich nicht. Keinen Blick werfen sie in meine Richtung. Ich steige aus und spreche die beiden an, ob sie wirklich beabsichtigen, wegzufahren, sonst müsste ich einen anderen Parkplatz suchen.

»Es ist sehr mühselig, einen Parkplatz zu finden. Ich fahre bereits eine Viertelstunde herum«, begründe ich meine Anfrage.

»Unser Parkschein gilt bis 18.05 Uhr. Wir haben noch 12 Minuten Zeit«, gibt mir der Herr zur Antwort. Die Frau fühlt sich überhaupt nicht angesprochen. Indem sie den Krimskrams auf dem Rücksitz ordnet, zeigt sie mir eigentlich ihr Hinterteil.

Wie dankbar wäre ich, wenn sie mir gesagt hätten:

»Unsere Parkzeit ist zwar noch nicht abgelaufen, aber wir kommen Ihnen gerne entgegen und räumen den Parkplatz sofort.«

Sie sagen es nicht. Ihre Reaktion verschlägt mir die Sprache. Schweigend, mit Wut im Bauch, starte ich und begebe mich von neuem auf die Rundfahrt.

IM STRASSENVERKEHR

Was würde der Mensch tun, wenn er sein Auto nicht hätte? Kaum ein anderer Gegenstand eignet sich besser zur Identifikation mit den Teilen der eigenen Persönlichkeit als eben das Auto. Ähnliche Dienste vermittelt auch ein Musikinstrument. Wie tieffühlend lässt sich die Sehnsucht nach Liebe mit der Geige oder die angestaute Aggression mit der Trommel ausdrücken! Im Unterschied zu Musikinstrumenten bietet das Auto sicherlich nicht die Chance zum Ausdrücken aller Gefühle. Will man versuchen, mit dem eigenen Fahrstil seiner Trauer Ausdruck zu verleihen, merkt man rasch: Das Autofahren eignet sich nicht für die innigen, zarten Gefühle, sondern vielmehr für die aggressiven, nach außen gerichteten.

Die Straße ist wie eine Arena. Hier sind die Themen Wettbewerb oder Kompensation der Geltungsbedürfnisse, die man im Familien- oder Berufsleben normal nicht befriedigen konnte. Erst hier kann man der Welt zeigen, dass man ein Mann ist. Hier kann man sein Recht auf die eigene Spur und das eigene Fahrtempo behaupten und die anderen nötigenfalls zurechtweisen. O ja, es geht um das Recht, das man seiner Frau gegenüber oftmals nicht durchsetzen kann. Und für Frauen eröffnet sich am Lenkrad eine wunderbare Chance, endlich dem Mann gleich zu sein oder vielleicht sogar noch besser, falls sie technisch genauso perfekt ausgerüstet sind, so dass sie stets auf der linken Spur beharren und alle Porsches hinter sich in Schach halten ... Es gibt Menschen, die nur am Lenkrad die Faszination der Freiheit spüren und sich damit berauschen. Je schneller, desto freier. Dabei ist der Faktor der Anonymität ganz wichtig. Untersuchungen weisen nach, dass die Fahrer umso schneller und riskanter fahren, wenn sie ganz alleine im Auto sind. Ganz alleine heißt, ohne die Kontrollinstanz, die der Beifahrer darstellt, und unter dem Deckmantel der Anonymität, weil man von anderen Verkehrsteilnehmern als Person nur zu einem geringen Teil wahrnehmbar ist. Der Fahrer kann seiner angestauten Aggressivität deshalb freien Lauf lassen, weil er sich mit seinem Gegner nicht von Antlitz zu Antlitz konfrontieren muss. In der Verhaltensforschung entstehen Hypothesen über das evolutionär begründete Aggressions- und Konfliktbedürfnis des Urmenschen, des Jägers und Kriegers, welches im heutigen Menschen, vor allem im Mann, verborgen ist. Fehlen ihm zur Entladung die Kriege, macht er den Straßenverkehr zum Schlachtfeld.

Es gibt auch Menschen, die ihr Auto für ihren zuverlässigsten und besten Freund halten. Das ganze Wochenende putzen und polieren sie ihren Liebling und verzichten dabei aus Angst vor Nähe auf das zwischenmenschliche Streicheln. Bedenken wir: Ein Autist ist daran zu erkennen, dass er sich an leblose, nach bestimmten voraussagbaren Schemata manipulierbare Dinge bindet und diese Bindung den Menschen vorzieht. Ob sich diese Erkrankung des Einzelnen mittlerweile auf die ganze Gesellschaft ausgeweitet hat? Allerdings werden nicht nur die Autos zu Bindungsobjekten. Auch der PC, das Internet, das Fernsehen oder das Bankkonto ersetzen heute immer mehr den Menschen. Der Stuttgarter Kinder- und Jugendpsychiater Reinhard Lempp sprach bereits vor einigen Jahren von der autistischen Gesellschaft, auf die wir uns zubewegen.

Im Folgenden will ich nicht die tiefenpsychologische Problematik des Autofahrens unter die Lupe nehmen. Darüber und über die Not der Menschen im technokratischen Zeitalter gibt es bereits einschlägige Bücher. Ich möchte lediglich darauf hinweisen, wie viel einfacher das Miteinander sein könnte, wenn gewisse Regeln eingehalten werden. Ich erwarte von dem Fahrer des anderen Autos nicht, dass er sich in meine Lage einfühlt. Er kennt mich ja gar nicht! Auch für mich ist er eine unbekannte Persönlichkeit. Weder mich noch ihn muss interessieren, ob mir in meiner Kindheit erlaubt wurde, aggressiv zu sein, oder ob sich meine Aggression in mir anstaute, ob ich ausgelassen und glücklich oder tieftraurig bin. So viel Feingefühl für meine besondere Lage erwarte ich nicht von dem Fahrer. Weil ich mich aber mit ihm in einem Beziehungsgeflecht befinde, das für uns beide lebenswichtig ist – wir benutzen ja die gleiche Straße und kommen zusammen in eine lebensgefährliche Nähe –, verpflichte ich mich, auf den anderen Fahrer bedingungslos Rücksicht zu nehmen. Die gleiche Rücksicht erwarte ich allerdings auch von ihm.

Die wenigsten Fahrer von uns wollen wissen, in welche Ängste wir die anderen Fahrer versetzen. Der Sozialpsychologe Hardy Holte vom Bundesamt für Straßenwesen fand heraus, dass sich 60 Prozent der Autofahrer als Opfer von Aggressionen sehen. Jeder Dritte fühlt sich sogar ernsthaft bedroht, wenn ein Auto mit hoher Geschwindigkeit und Lichthupe dicht auffährt. Wenn das Mitgefühl für diese Betroffenen fehlt, müssten gesetzliche Anordnungen wirken. Klaus Atzwanger, Verhaltensforscher an der Universität Wien, schreibt dazu: »Es sieht so aus, als ob die vernunftgerichteten Aufklärungskampagnen verkehrspolitisch weniger gut wirken als eine klare Sprache mit ›Punkten‹ in Flensburg, Geldbußen und Fahrverboten. Natürlich ist jede Defensiv-Fahren-Kampagne besser als keine Kampagne, und sicher lohnt es sich, den Menschen schon in der Fahrschule beizubringen, dass und wie man weniger aggressiv Auto fährt. Dennoch muss man akzeptieren, dass die Effekte solcher ›Vernunftprojekte‹ bei einem so tief verwurzelten Verhalten wie der Aggression offensichtlich geringer sind als direkte Strafen.«

Neben der erforderlichen Feinfühligkeit und den gesetzlichen Regeln sollte aber auch das logische Denken jedes Einzelnen wirken. Dabei geht es um die Bereitschaft, sich in den anderen hineinzudenken, sich vorzustellen, wie er auf mein Verhalten reagieren würde, Rücksicht darauf zu nehmen und dementsprechend das eigene Verhalten zu verändern. Wie wenig man sich auf diese Weise Gedanken macht, zeigen einige Beispiele.

»Lass dich lotsen!«
(Ein Tipp für die Partnerwahl)

Dieser kleine Test im Straßenverkehr ist eine ideale Möglichkeit, den möglichen Ehepartner oder einen Geschäftspartner auf sein Einfühlungsvermögen zu testen. Die Aufgabe besteht darin, dass der Lotse in dem einen Wagen die Verkehrssituation aus der Sicht des Gelotsten in einem zweiten Auto wahrnimmt. Ohne mit ihm reden zu können, muss sich der führende Kraftfahrer stets an den Geführten anpassen. Er muss ununterbrochen Rücksicht nehmen, damit der Gelotste den Anschluss halten kann. Dabei muss er nicht nur die gesamte Verkehrslage (inkl. der Fahrtüchtigkeit des gelotsten Autos) erkennen, sondern auch die Fahrtüchtigkeit des Gelotsten im Hinblick auf seine Persönlichkeit: im Hinblick auf seine Ängstlichkeit oder Risikofreudigkeit, auf seine Reaktionsgeschwindigkeit und so weiter. Hierbei ist also sowohl die technische als auch die emotionale Intelligenz gefragt. Allerdings gilt der Test nur dann, wenn man ihn vorher nicht ankündigt.

So hat sich bei mir eine junge Frau bedankt, die von meiner Empfehlung Gebrauch machte. Ihr Verehrer fiel bei diesem Test glatt durch. Und weil sie immer noch auf sein soziales Verhalten hoffte, wiederholte sie den Test immer wieder. Jedes Mal aber verhielt er sich gleich, obwohl sie ihn schon darauf aufmerksam machte, dass er mehr Rücksicht auf sie nehmen solle. Nach der Trennung fand er dann eine andere Frau, aber diese Ehe ging bald in die Brüche. Als Grund gab diese Frau seine Rücksichtslosigkeit an. Leider wusste sie von diesem »Lotsen-Test« nichts, sonst hätte sie den Verehrer rechtzeitig überprüfen können.

»Bei dichtem Verkehr sind wir an eine Kreuzung gekommen. Die Ampel stand auf Gelb. Mein Freund nützte die Chance noch aus und schoss über die Kreuzung, bevor die Ampel auf Rot umschaltete. Wenn ich ihm gefolgt wäre, so wäre ich bei Rot über die Kreuzung gefahren. Das tue ich aber nicht, schließlich will ich meinen Führerschein nicht verlieren. Ich blieb also stehen und wartete auf Grün. Natürlich fuhr mein Freund weiter und ich habe ihn aus den Augen verloren. Demzufolge musste ich mir den Weg in einer mir fremden Großstadt selber suchen. Das mutete mir mein Freund zu, obwohl er wusste, dass ich unter ziemlich großen Orientierungsschwierigkeiten leide. Ein anderes Mal lotste er mich auf der Autobahn. Beide Streifen waren stark frequentiert. Wir fuhren auf der rechten Spur. Vor uns fuhr ein langer Tankwagen. Mein Freund fuhr auf die linke Spur, wo sich gerade eine kleine Lücke aufgetan hatte. Dicht hinter ihm fuhren zwei Pkws. Ich hatte keine Chance, ihm unmittelbar zu folgen. Es war für mich mühselig, den Anschluss zu halten. Natürlich fand ich ihn nach einer Weile wieder auf der rechten Spur. Als ich ihn dann damit konfrontierte und ihm berichtete, in welchen Stress er mich gebracht hat, lachte er nur und meinte: ›Die Hauptsache ist, dass du mich wiedergefunden hast, mein Schatz.‹ Da wurde mir ernsthaft klar, dass das Leben mit ihm zu stressig wäre. Und diese Situation schließlich bestärkte mich in meiner Absicht, mich von ihm zu trennen: Er fuhr einen flotten Audi und ich eine alte Kiste. Er wusste, dass ich mit meinem Auto keine großen Kunststücke machen kann und dass ich bei Beschleunigungsmanövern nicht die Geschickteste bin. Trotzdem überholte er einen langsamen Pkw vor uns. Im Hinblick auf den entgegenkommenden Lkw hat er es noch gut geschafft. Da wir uns verspätet hatten und sehr in Eile waren, entschloss ich mich in Windeseile auch zum Überholen. Allerdings war mein Auto dazu nicht in der Lage. Es war schrecklich. Der gegenüberfahrende Lkw blinkte mit der Lichthupe. Ich fühlte mich in der Klemme und bekam Todesangst. Gott sei Dank gab ich das Überholen schnell auf und scherte wieder hinter den Pkw ein. Lange bekam ich dann keine Chance zum Überholen mehr, weshalb ich meinen Freund auch nicht mehr erreichen konnte und folglich auf stur schaltete. Dadurch hast du mich verloren, sagte ich mir. Als wir uns dann später doch getroffen haben, warf ich meinem Freund vor, dass er mein Leben riskiert hätte. Aber er zeigte keine Reue. Im Gegenteil, er meinte, dass in der Verkehrssituation genug Platz zum Überholen gewesen war. Er hätte das Überholen ohne weiteres geschafft. ›Ich bin aber nicht du‹, sagte ich zu ihm. ›Mein Auto ist nicht dein Auto. Du denkst nur an dich selbst und nicht an mich. Du bist ein rücksichtsloser Egoist. Nicht nur im Straßenverkehr hast du mich verloren, du hast mich ganz verloren. Auch außerhalb des Straßenverkehrs.‹«

Spurwechsel

Ich fahre auf der linken Spur, um ein Auto, das rechts fährt, zu überholen. Ich befinde mich noch etwa zwei Meter hinter ihm, als der Fahrer links zu blinken anfängt, so als möchte er gleich ausscheren. Also halte ich mich zurück, um ihm den Vorrang zu geben. Er aber bleibt auf der rechten Spur, blinkt dabei links weiter, so dass ich nicht weiß, was ich machen soll. Bremsen, um mich hinter ihm rechts einzuordnen, oder das Überholen riskieren? Während ich mich aus Rücksicht auf ihn und auch auf mich zurückhalte, ziehe ich auch die Fahrer hinter mir in Mitleidenschaft. Letzten Endes riskiere ich es und überhole ihn. Mit schlechtem Gewissen allerdings und mit Wut auf den Fahrer von rechts. Sein Fehler war, dass er sich in meine Verkehrslage und in die der anderen Fahrer nicht hineinversetzte.

Wie hätte der Fahrer auf der rechten Spur denken müssen? »Wenn ich links blinke, wird der Fahrer auf der linken Spur meinen, dass ich links ausscheren möchte. Das will ich, aber erst, nachdem mich das Auto überholt hat. Denn dieses Auto ist schneller als ich und die Autos hinter ihm, die ich im Spiegel sehe, sind ebenfalls schneller. Um den Fahrer auf der linken Spur nicht zu irritieren, nehme ich mein Blinken zurück und warte mit meinem Ausscheren, bis die linke Spur frei ist.« Diese kleine geistige Kombination kam leider nicht zustande. Mangel an Intelligenz? Oder einfach an den anderen nicht denken wollen?

Merkwürdigerweise verhalten sich die Südländer beim Spurenwechseln anders. Im Unterschied zu deutschen Autofahrern bestehen sie nicht so stur auf dem Verbleiben auf ihrer Spur. Vielmehr wechseln sie die Spuren, obwohl es die Verkehrslage nicht verlangt. Sie betreiben es beinahe als Spiel, bei dem sie sich anschauen, anrufen, schimpfen und flirten. Einmal fuhr mich in Stuttgart eine chilenische Frau zum Bahnhof. Stets wechselte sie zwischen den drei Spuren. Nervös geworden fragte ich sie, warum sie dies tue, ob sie vielleicht nicht wisse, welche Spur sie Richtung Bahnhof wählen solle. »So fahren wir in Chile«, antwortete sie mit Gelassenheit. »Wir haben Spaß daran. Dabei gibt es bei uns weit weniger Verkehrsunfälle als in Deutschland. Wir sehen uns. Wir berücksichtigen uns. Wir tolerieren uns.« Ah so. Obwohl die Südländer die Verkehrsregeln nicht ganz so streng einhalten, tragen sie durch ihre bessere Einfühlung zur Sicherheit im Straßenverkehr bei. Das Hineindenken vom Kopf her halten sie für steril. Diese Menschen wissen noch vom Bauch her, was Einfühlung ist.

Ein bergauf fahrender Lkw

Wie jeden Montagmorgen herrscht dichter Verkehr. Viele Lkws sind unterwegs. Allerdings auch viele Pkws. Die Arbeitswoche beginnt. Alle haben es eilig. Aus der Kolonne der Lkws schert einer nach links aus, um einen langsameren Kollegen zu überholen. Er ist im Recht. Den Lkws ist auf diesem Teil der Strecke das Überholen nicht verboten. Nur hat der Mann wohl außer Acht gelassen, dass die Strecke bergauf geht. Hätte er daran gedacht, so hätte ihm einfallen müssen, dass er alle Fahrzeuge auf der linken Spur zunehmend in Bedrängnis bringt. So staut sich hinter ihm ein Auto nach dem anderen. Vor ihm jedoch liegt eine total freie Spur. Wenn bloß der rechte Lkw langsamer wäre, damit dem überholenden Lkw sein Manöver schnell glückt! Aber der ehemals langsamere Fahrer lebt offensichtlich auf und liefert sich jetzt mit seinem Kollegen ein Rennen. Darüber besteht kein Zweifel. Lange Zeit ist weder der eine noch der andere um eine Nasenlänge voraus. Vielleicht unterhalten sie sich sogar und haben Spaß daran. Der auf der rechten Spur fahrende Fahrer streckt seinen Arm aus dem Fenster heraus und gestikuliert damit. Aber keiner der beiden nimmt auf die zwei sich anstauenden Kolonnen Rücksicht. Zwischenzeitlich haben hier alle ihre Geschwindigkeit auf 60 bis 70 Stundenkilometer gedrosselt. Millimeter für Millimeter gewinnt der linke Lkw einen Vorsprung. Und dann endlich! Dem Lkw gelingt es, sich rechts einzuordnen. Einige Fahrer, die nun frei an ihm vorbeifahren können, erteilen ihm mit der Hupe eine Belehrung. Und was tut er? Er hupt zurück. »Auge um Auge, Zahn um Zahn.« Eine Nervenschlacht.

Ein absolut klares, gut geordnetes Ordnungssystem. Wenn aus zwei Spuren plötzlich eine Spur wird, so haben sich die Fahrer unmittelbar davor im Reißverschlussverfahren einzuordnen. Damit dies reibungslos funktioniert, müssen die beiden Fahrer, der von links und der von rechts kommende, jeweils auf das Nachbarauto achten. Dabei reicht es völlig, wenn man das Blinklicht des anderen im Auge behält; ein persönliches Anschauen ist hier nicht nötig. Blinkt er? Ja, er blinkt, also lasse ich ihn einscheren. Falls man das Lichtsignal nicht rechtzeitig benutzt hat, so verständigt man sich über den Blickkontakt. Das funktioniert normalerweise genauso gut. Manchmal aber passiert es mir, dass ich vergebens den Fahrer von rechts anblinke und umsonst versuche, ihm den Blickkontakt zu entlocken. Er reagiert nicht. Gefangen in seiner schmalspurigen Wahrnehmung verliert er die Sicht, die Übersicht, die Rücksicht. Unlängst waren es fünf Fahrer, zwei davon waren Frauen.

Rücksichtnahme scheint bei Frauen besser ausgebildet zu sein als bei Männern. Die Statistiken weisen nach, dass Frauen am Steuer weniger Verkehrsunfälle verursachen als Männer. Hier zeigt sich offensichtlich die typisch weibliche Eigenart des Denkens und Fühlens. Im Unterschied zu dem linearen, exakten Denken der Männer erfasst die Frau mit ihrer zwar weniger präzisen, dafür aber ganzheitlichen Sichtweise die gesamte Situation. Sie verteilt ihre Aufmerksamkeit auf die einzelnen Bestandteile der Situation, handelt flexibel und schützt aus der Logik des Herzens heraus und mit dem Bauch das eigene Leben und das Leben anderer.

Wer von uns hält an? Wer macht sich Gedanken darüber, was hier passiert ist? Kein Mensch ist zu sehen, das Auto scheint leer zu sein. Ein alter Unfall. Bereits erledigt. Ich muss mir also keine Sorgen machen und auch kein schlechtes Gewissen haben. Wie aber kann ich wissen, dass hier niemand mit einem Herzinfarkt auf dem Boden liegt? Und so sausen wir weiter und schleunigst daran vorbei.

In diesem Zusammenhang möchte ich von einem Versuch berichten: Eine männliche Testperson legte sich auf die Standspur der Autobahn. Er hatte die Aufgabe, so zu tun, als wäre er bewusstlos. Die meisten Fahrer haben ihn völlig unbeachtet gelassen. Ihre Begründung: Sie seien schnell gefahren und hätten den Mann nicht gesehen. Im Interview hat man noch weiter gebohrt: »Was hätten Sie gemacht, wenn Sie den liegenden Menschen gesehen hätten?« Die häufigste Antwort war: »Ich wäre weiter gefahren, um die Polizei und den Arzt anzurufen.« Schon besser, obwohl das Sicheinfühlen in den Verunglückten noch fehlt. Kein Gedanke daran, wie es ihm geht, ob er Schmerzen hat, ob ihm die Nachricht, dass bereits ein Arzt gerufen ist, vielleicht gut tut und, und, und. Der Verunglückte bräuchte möglicherweise Erste Hilfe. Anstatt sich persönlich zu engagieren, tut der Vorbeifahrende so, als läge im Graben ein anonymes Objekt, das durch die herbeigerufenen Behörden zu versorgen ist. Die Begründungen für das Sich-Heraushalten sind vielfältig: Man befürchtet die zu erwartenden Unannehmlichkeiten, beispielsweise die Zeugenladung vor Gericht, die mit Blut und Straßendreck verschmutzten Kleider, für deren Reinigung man die Kosten selbst zu bezahlen habe, außerdem könnte es ja auch sein, dass der Unfall gar nicht echt ist und es sich um eine getarnte Falle handle. Da mischt man sich lieber unter die Schaulustigen, das ist sicherer. Zwar mögen manche Schaulustige auch Mitgefühl mit dem

Verunglückten haben und auch ihre eigene Selbstwahrnehmungen überprüfen, praktisch aber tun sie nichts. Sie stehen am Rande des Unfallortes mit den Händen in den Taschen. Es fällt ihnen nicht einmal ein, dass der Verunglückte vor allem die wahrnehmbare, tröstende Nähe eines Mitmenschen braucht, der ihm vergewissert: »Ich bleibe so lange bei Ihnen, bis der Rettungsdienst kommt«. Ihr Mitgefühl ist zu schwach, um wirklich einfühlendes Handeln entstehen zu lassen. Schade, denn die aktive Einfühlung hat einen weitaus höheren Wert als das passive Mitgefühl.

Zu dieser Passivität der potenziellen Helfer trägt vielleicht die kollektive Vereinsamung bei: Ohne von den anderen Menschen gesehen und angesprochen zu werden, kann man in der Anonymität versteckt bleiben. Interessanterweise sind die Menschen hilfsbereiter, wenn mehrere Personen in ein Unglück verwickelt sind. Erinnern wir uns an die riesige Welle der Hilfsbereitschaft bei dem Zugunglück in Eschede oder bei dem Terroranschlag in New York. Hier nehmen sich die Menschen in der Nähe wahr, sie spüren die Resonanz des eigenen Entsetzens und des eigenen Schmerzes in ihren Mitmenschen, und verbunden mit den gleichen Gefühlen rüsten sie sich zur gegenseitigen Hilfe. Das in allen Sprachen der Welt bekannte Sprichwort »In der Not lernt man den Freund kennen« geht nur dann in Erfüllung, wenn sich der Mensch in seiner Not dem anderen mit seinem fühlenden Handeln zeigt.

Die Massenkatastrophen machen uns auf die Not, in der sich unsere Mitmenschlichkeit befindet, aufmerksam. Offensichtlich braucht es die Not, um den Freund kennen zu lernen. Dazu Paul Coelho: »Als die Türme einstürzten, haben sie Träume und Hoffnungen mit sich gerissen. Sie haben aber auch unseren Horizont geöffnet und bewirkt, dass jeder von uns anfing, über den Sinn seines Lebens nachzudenken.« Gibt es einen höheren Sinn für die Menschen als eben die Liebe, die sie verbindet?

AUS DEM ALLTAG EINER PSYCHOLOGIN

Zunächst möchte ich einige Erfahrungen, die ich selbst gemacht habe, wiedergeben, bei denen mich der Mangel an Einfühlung verletzt hat. Hätte ich mir einen dicken Panzer zugelegt, mit dem sich typischerweise die Politiker schützen, hätte ich den Schmerz gar nicht wahrnehmen müssen. Insofern sind die nachfolgenden Fälle als harmlos zu bezeichnen. Da ich ein ganz normal fühlender Mensch bin, weder zu bescheiden noch aufgrund narzisstischer Eitelkeit besonders verletzbar, registriere ich die feinen Abweichungen, immerhin bin ich in der Selbstbeobachtung wie auch in der Beobachtung der menschlichen Umwelt geübt. Natürlich gibt es keinen Grund, darauf panisch zu reagieren, denn existenziell bin ich keinesfalls gefährdet, wenn mich mein »geschäftliches« Gegenüber in Frage stellt oder sich im Falle meiner zornigen Rückmeldung von mir abwenden würde. In all den geschilderten Fällen habe ich mich souverän fühlen können. Mich interessiert aber die Frage, wie sich ein anderer, verletzbarer, von seinem Gegenüber abhängiger Mensch fühlen würde.

Erleichterung durch die Mailbox?

Von wegen! Mein Handy klingelt und eine damenhafte Stimme meldet mir, dass die TD-1-Mailbox für mich eine neue Nachricht hat. »Hier Margret Hochfelder. Ich muss in dringender Sache mit Ihnen reden. Bitte notieren Sie sich meine Nummer und rufen Sie mich zurück. 17blabla67blala872bla4.« Anders kann ich die unverständliche Meldung nicht darstellen. Zu schnell, genuschelt, verhaspelt. Ich hoffe so, dass die Nummer wiederholt wird. Die Wiederholung findet aber nicht statt. Aus heiterem Himmel stecke ich nun in der Klemme, denn mein Handy speichert die Nummer des Anrufenden nicht. Wie soll ich zurückrufen? Kenne ich diese Margret Hochfelder? Tja, vielleicht ist das die von der Volkshochschule im Ort Sowieso. Ich suche in meinen Unterlagen, wann ich denn für diese VHS einen Vortrag hielt. Irrtum! Die Frau von dort heißt zwar Margret, jedoch nicht Hochfelder, sondern Hohn. Die Spurensuche geht weiter. Ich probiere die Nummer so zu wählen, wie ich sie heraushörte. Es tutet auf der anderen Seite. Hurra! Die Verbindung ist da. Nach langer Zeit meldet sich eine verschlafene männliche Stimme, keine Margret. »Sie haben eine falsche Nummer.« Ja, das merke ich selber. Was soll ich noch tun? Schuldgefühle überfallen mich. Warum habe ich nicht besser aufgepasst? Die Frau ist in großer Not, sie erwartet eine Hilfe von mir, deshalb hinterlässt sie ihre Nummer auf meiner Mailbox und hofft, dass ich zurückrufe. Und ich rufe nicht zurück. Was denkt die Margret bloß von mir? Dass ich doch nicht die gutmütige Jirina Prekop von den Büchern bin. Eine Täuschung. Keine Frau zum Anfassen, diese Prekop. Eine Enttäuschung auf beiden Seiten. Sie hat Ärger mit mir und ich mit ihr.

Der ganze Schlamassel entstand nur dadurch, dass diese Margret sich nicht in meine Lage versetzte. Sie wusste doch, dass ich eine Ausländerin bin und vielleicht wusste sie sogar von meiner Schwäche, bestimmte Laute herauszuhören. Unabhängig davon, dass sich Ausländer oftmals schwerer tun, müsste sie aber auch bei den eigenen Landsleuten deutlicher sprechen.

Seither betreibe ich eine kleine private Meinungsforschung. Einer der Befragten ist mein deutscher Verwandter, von Beruf Vermögensberater. Es geht ihm oftmals genauso wie mir. Trotz seines perfekten, da angeborenen Schwäbisch, fällt es ihm schwer, das schnelle, genuschelte Schwäbisch zu verstehen. Im Unterschied zu mir ärgert es ihn aber noch viel mehr als mich. Als Rentnerin unterhalte ich nämlich keine Sprechstunde mehr, mit meiner Telefonnummer mache ich keine Werbung. Im Grunde brauche ich keine Anfragen von Hilfesuchenden anzunehmen. Der Vermögensberater ist jedoch von seinen Kunden existenziell abhängig. Wenn er trotz intensiver Konzentration die unverständlich diktierte Telefonnummer nicht versteht, beginnt für ihn ein unguter Stress. Er weiß von einigen neuen Kunden, die ihm einen Anruf angekündigt haben, wobei es in den meisten Fällen um fünfstellige Beträge geht. Und nun kann er nicht zurückrufen. Manchmal plagt er sich stundenlang, detektivisch die Identität des Anrufers herauszufinden. Oft ohne Erfolg. Einige Male hat er den Kunden verloren. Falls sich der Kunde noch einmal meldet, atmet er auf, er muss sich aber einen schweren, im kaufmännischen Bereich fast unverzeihlichen Vorwurf anhören. »Ich habe Ihnen auf der Mailbox meine Telefonnummer hinterlassen und bat um Rückruf. Sie haben es außer Acht gelassen. Haben Sie eigentlich noch Interesse?«

Hätte sich in meinem Fall diese Margret daran erinnert, wie mühsam das Abhören eines unverständlichen, schnellen und nicht wiederholbaren Diktates ist, würde ihr wohl einfallen, Rücksicht auf mich zu nehmen. Dann hätte sie ihre Telefonnummer deutlich, langsam und verständlich gesagt. So einfach wäre es gewesen.

»Du musst mir helfen!«

Ich bin eigentlich schon in Rente. Von Ruhestand ist aber keine Rede, denn ich kann nicht in aller Ruhe schauen, wie sowohl Eltern als auch Kinder immer verunsicherter und beratungsbedürftiger werden. Noch immer setze ich meine ganze Kraft ein, um zu helfen oder Gefahren abzuwenden. Manchmal vergeht mir jedoch die Lust dazu und es packt mich der Zorn, der nicht immer der beste Berater ist. Der Anlass dazu wiederholt sich immer häufiger: Ein dicker Brief von 16 bis 20 Seiten liegt in meinem Briefkasten, eine größtenteils unleserliche Handschrift mit viel Durchgestrichenem und Einschüben. Immerhin auf Umweltpapier. Mühselig kämpfe ich mich zum Sinn des Briefes durch.

»Ich weiß, dass Sie nicht viel Zeit haben«, schreibt eine junge Mutter, »dennoch wende ich mich an Sie, weil mein einjähriger Sohn sehr lange zum Einschlafen braucht, unentwegt verlangt er nach meiner Brust. Manchmal erfülle ich ihm den Wunsch, manchmal lasse ich ihn schreien, manchmal schreie ich zurück. Ihr Buch über die Schlafstörung habe ich gerade zu lesen begonnen. Rufen Sie mich am besten zurück an. Hier bitte ist die Nummer ...« Keine Frage, was sie mir schuldig ist. Kein Dank. Die Bitte nur angedeutet und rein formal. Am liebsten würde ich einen solchen Brief unbeachtet lassen. Wenn ich aber an das Kind dieser Frau denke, dann meine ich, braucht sie eine Rückmeldung über ihre fehlende Einfühlung. Sie soll wissen, dass darin der größte Mangel steckt und dass die Unruhe des Kindes wohl nur die Folge davon ist.

Am liebsten würde ich Folgendes zurückschreiben, ohne zu telefonieren. Schwarz auf weiß. Vielleicht wird sie diese schriftliche Belehrung aufbewahren, denke ich: »Liebe Frau Sowieso, ich schätze, dass Sie Mitgefühl, ja sogar Mitleid mit mir haben. Sie wissen, dass ich nicht viel Zeit habe. Alles andere aber verletzt mich. Sie nehmen auf meinen Zeitdruck keine Rücksicht,

Sie leiten davon keine Grenzen für Ihr Verhalten ab. Wenn Sie sich wirklich in meine Lage versetzen würden, dann würde es Ihnen einleuchten, dass ich mindestens eine Stunde für das Enträtseln Ihrer Handschrift brauche, von dem Zeitaufwand für meine Antwort ganz zu schweigen, so dass Sie mir von meiner restlichen Freizeit an die zwei Stunden rauben. Auch haben Sie sich nicht die Frage gestellt, ob ich diese zwei Stunden nicht nützlicher verbringen könnte. Vielleicht für einen Vortrag, von dem Hunderte etwas hätten, oder vielleicht für mich ganz alleine in der Sauna. Sie haben nicht einmal mein Buch ganz gelesen, um hier die Antwort auf Ihre Fragen zu finden. Ich soll Ihnen sozusagen solo dienen. Aber Sie fragen nicht, was diese Dienstleistung kosten würde. Eher erwarten Sie, dass ich noch für die Telefongebühren aufkomme. Sie machen sich keine Gedanken über meine Gedanken, die ich mir über Sie mache, wenn ich Ihren Brief lese. Eigentlich müssten Sie einiges dafür unternehmen, um mich zu gewinnen, weil Sie mich ja brauchen. Mindestens müssten Sie es vom Kopf her tun, wenn Sie es in Ihrem Herzen so wenig fühlen. Hier müsste Ihre emotionale Intelligenz am Werke sein. Ihre Frage müsste heißen: Wie sollte ich mich verhalten, damit die Prekop bereit ist, mir entgegenzukommen? Weder fühlen noch denken Sie sich in meine Lage hinein. Sie denken nur an Ihre Probleme, nicht an meine. Hier stellt sich für mich die wichtigste Frage: Können Sie sich überhaupt in Ihr Kind einfühlen? Ich tue es bereits. Wenn ich versuche, mich in die Situation Ihres Kindes zu versetzen, dann überkommt mich die gleiche Unruhe, unter der Ihr Kind leidet. Im Dunkeln der Nacht fühlt es sich in seinem Bett fürchterlich alleine und ruft nach der Mama. Niemals aber kann es sich auf die gleiche Mama verlassen. Ihre Reaktionen sind nicht voraussagbar. Einmal schreit sie von weitem, ein anderes Mal aus der unmittelbaren Nähe, einmal gibt sie die Brust, ein anderes Mal nicht. Zwangsläufig muss das Kind die Brustwarze als den sichersten Punkt in dem unübersichtlichen magischen All betrachten. Die Brustwarze ist immer an einer der beiden Stellen zu finden, sie ist immer gleich und gibt die gleiche Milch nach einer Saugbewegung. Ich kann mir denken, dass sich das Kind im Augenblick des Saugens so fühlt und dass ihm nichts anderes übrig bleibt, als immer wieder auf diese voraussagbare Art und Weise den Verlust seiner wahren Sicherheit ersatzweise auszugleichen. Unter diesem Umstand kann die Beziehung zwischen Ihnen und Ihrem Kind nicht gedeihen. Wenn Sie, Frau Sowieso, das wahre Bedürfnis Ihres kleinen Kindes nach Geborgenheit in der steten Nähe der gelassenen, lieben Mama nicht spüren, tut mir Ihr Kind unheimlich leid ...«

Ja, solche Sätze fallen mir ein, nachdem ich mich durch den Brief durchgearbeitet habe. Es passierte mir sogar einige Male, dass ich Briefschreibern in diesem Sinne meine Antwort gab. Je nach dem Grad ihrer Unverschämtheit ließ ich mich übereilig zu einer nicht weniger unverschämten affektiven Reaktion verleiten. Natürlich schloss ich meine Tirade mit einem wirklich gut gemeinten Rat: Die Frau Sowieso braucht selbst Hilfe, sie solle die nächste Beratungsstelle aufsuchen. Aber letztlich blieb mir mein eigenes Schamgefühl. Denn ich machte den gleichen Fehler wie die Schreibenden. Auch ich habe mich nicht in sie eingefühlt. Was habe ich denn unternommen, um von ihrer Lebensgeschichte etwas zu erfahren, ihre tiefe Not zu erahnen und um ihre eigenartige Aufdringlichkeit zu verstehen? Sind sie vielleicht selbst das Opfer einer uneinfühlsamen Mutter? Gab es für sie überhaupt einen Menschen auf dieser Welt, von dem sie Einfühlung und Rücksicht erfahren hätten? Eigentlich muss ich aber auch meine eigene Lebensgeschichte hinterfragen und nachforschen, ob die egoistische, rücksichtslos fordernde Art der Briefschreiberin nicht bei mir eine alte Wunde aus meiner Kindheit schmerzhaft berührte. Bezieht sich meine Wut auf die aktuelle Situation oder ist es die alte Wut, die ich damals nicht äußern durfte? Solange ich durch mein Entsetzen und meine Entrüstung befangen bin, bin ich von dem Gegenüber weit entfernt.

Kompetent beraten kann ich erst, wenn ich meine Fühler zum Gegenüber hin ausstrecke, um Informationen über sein seelisches Befinden, seine sozial-ökonomische Situation, seine Verarbeitungsmöglichkeiten und dergleichen zu gewinnen. Und wenn ich frei dafür bin, ihm meine Bereitschaft zum unbefangenen Verstehen und Helfen zu signalisieren. Allerdings gehört dazu auch, dass ich den zu beratenden Menschen auf sein für mich verletzend wirkendes Verhalten aufmerksam mache. Ich muss ihm über meine Gefühle berichten, damit er die Chance bekommt, sich in mich hineinzufühlen. Selbstverständlich muss ich es offen und ehrlich, jedoch nicht grob verletzend tun, so als gälte Ohrfeige für Ohrfeige. Darüber hinaus muss ich aber mein Denken an einer noch weit größeren Dimension ausrichten. Ich muss davon ausgehen, dass es sich nicht nur um eine Hilfe für das »Hier und Jetzt« handelt, damit das Kind mit seiner Mutter in dieser Nacht ruhig schlafen kann. Wenn ich mich in das betroffene Kind und seine emotionale Entwicklung bis zu seinem Erwachsenenalter hineinfühle, dann muss ich meinen Beitrag dazu leisten, die positiven Bedingungen für das Gedeihen seiner Liebesfähigkeit zu schaffen. Dafür muss ich zunächst seine Mutter gewinnen und unbedingt auch seinen Vater. Zunächst soll sich ja das Kind an der Liebe seiner Eltern orientieren.

Jetzt erst, nachdem mir meine Absichten klar sind, kann ich meinen Brief tippen. »Liebe Frau Sowieso, erschrecken Sie nicht, wenn ich Ihnen zunächst eine unangenehme Rückmeldung gebe. Als ich Ihren langen handschriftlichen Brief mit den vielen Streichungen und Einschüben las, war ich zunächst verärgert. Ich brauchte eine ganze Stunde dazu. Was muten Sie mir zu, dachte ich, obwohl Sie selber wissen, wie wenig Zeit mir zur Verfügung steht. Auch fehlte mir Ihre Anfrage, wie Sie die Beratung mit mir abrechnen sollten. Diese Ungereimtheiten kann ich mir nur durch den großen Stress, in den Sie geraten sind, erklären. Um Ihnen zu helfen, brauche ich von Ihnen einige wichtige Informationen. Ich bitte Sie, bei der Beantwortung meiner Fragen Rücksicht auf mich zu nehmen und möglichst leserlich zu schreiben ...«

Ratschläge als Schläge

Zunächst einige eigene Erfahrungen, die ich mit Ratschlägen gemacht habe. In einem schwäbischen Städtchen habe ich mit der städtischen Bibliothek einen Vortragstermin ausgehandelt. Ein Infoblatt hatte ich vorausgeschickt. Unter anderem bat ich darum, mir eine Skizze mit der Anfahrt zum Hotel und zum Vortragssaal zuzuschicken. Monatelang herrschte Funkstille. Kurz vor dem Termin rufe ich schließlich selbst an. Die Bibliothekarin möge mir bitte die angeforderte Skizze zuschicken. Rein von ihrer Stimme her gewinne ich den Eindruck, dass sie mich nicht für voll nimmt. »Aber Sie waren doch schon einmal hier, Frau Prekop. Vor etwa fünf Jahren. Haben Sie es schon vergessen? Nun ja, wie Sie wünschen. Ich schicke Ihnen also die Karte.« Anstatt der Skizze mit der Anfahrt zum Hotel und zum Vortragssaal bekomme ich eine Karte von Süddeutschland, auf der die Route von Lindau bis zum Vortragsort mit einem roten Stift eingezeichnet ist. Soll ich die Bibliothekarin nochmals anrufen, um ihr zu sagen, dass ich auf eine solche Karte verzichten kann, weil ich im Auto ein Navigationssystem habe, und dass ich nur den örtlichen Stadtplan brauche, auf dem das Veranstaltungshaus eingezeichnet ist, weil die Straßen von diesem Städtchen in meiner Navigationsanlage noch nicht digitalisiert sind? Ich erspare mir die Mühe und fahre einfach los mit dem Vorsatz, am Zielort einen Tankwart oder einen netten Fußgänger zu fragen. Mein Vorhaben gelingt mir ziemlich problemlos. Ich finde selbst zum Vortragssaal.

»Haben Sie sich zurechtfinden können, Frau Prekop?«, fragt mich die Bibliothekarin mit einem Hauch von Barmherzigkeit in ihrer Honigstimme. Es verschlägt mir die Sprache. Meinem Zorn ausweichend beschränke ich meine Antwort auf etwas Nichtssagendes: »Wie Sie merken, bin ich da.« Innerlich aber koche ich vor Wut. Habe ich es notwendig? Weiß die Frau eigentlich, dass ich mich beleidigt fühle? Mehrmals hintereinander sogar. Zunächst hielt sie mich für die Dumme, weil ich mich an meinen Vortrag hier vor fünf Jahren nicht mehr erinnern konnte. Hätte sie sich bemüht, sich ein Bild von mir und meinem fast täglichen Einsatz in der Öffentlichkeit zu machen, so hätte ihr eingeleuchtet, dass ich nicht jede Reisestation im Kopf behalten kann. Diesbezüglich hat sie mich überschätzt. Anschließend jedoch hat sie mich grob unterschätzt, als sie bezweifelte, dass ich mich in der ganz normalen Straßenkarte Deutschlands auskenne. Ich würde es ihr nicht übel nehmen, dass sie sich nicht in mich hineindenken kann, um abzuschätzen, was ich weiß und was nicht. Dass sie sich aber traut, ihre fehlerhafte Bewertung meiner Person zwischen den Zeilen zum Ausdruck zu bringen, macht mich wütend. Sie hat sich keine Gedanken darüber gemacht, welche Gefühle dies bei mir auslöst. Was bleibt, ist meine unverarbeitete Wut, die die Bibliothekarin sicherlich spürt. Aber vielleicht auch nicht. Vielleicht meint sie eher, dass die Prekop komisch ist. Ein unnötiges Missverständnis zwischen uns beiden. Ich fühle mich absolut nicht bereit, mich nochmals einladen zu lassen.

Ratschläge, die eher verletzen, als dass sie Gutes bewirken, lösen Aggressionen aus. Sie haben wirklich die Funktion von Schlägen. Sehr oft entstehen sie durch das Anraten von Selbstverständlichkeiten. Der Ratgeber maßt sich an, der Klügere und der Bessere zu sein. Warum hat das jemand notwendig? Mich interessiert nun die Vorgeschichte meines Gegenübers.

»Wie viele Geschwister haben Sie?«, frage ich die Bibliothekarin.

»Ich bin die Erste. Die Erste von Dreien«, bekomme ich zur Antwort.

Ah so! Es ist also anzunehmen, dass sie durch das typische Schicksal der Erstgeborenen gekennzeichnet ist. Zunächst war sie ein Einzelkind, das im Mittelpunkt stand und die ungeteilte Aufmerksamkeit der Familie genießen konnte. Diese Privilegien verlor sie mit der Geburt des nächsten Kindes. Nun musste sie die Liebe ihrer Eltern mit dem kleinen Geschwister teilen. Und weil ihre bisherige Geborgenheit dahin war, wurde das Bewusstsein der eigenen Größe, der Überlegenheit, des Besserwissens zur Ersatzsicherheit. Um dieses Bewusstsein aufrechtzuerhalten, fühlt sich das erstgeborene Kind innerlich gezwungen, die Jüngeren zu belehren und ihnen zu helfen, mit anderen Worten, die Kleineren noch kleiner zu machen. Diese große Umstellung geschieht in einem Alter, in dem das Einzelkind noch keine Chance hat, sich in die Kleineren einzufühlen, da es ja diese noch nicht gibt. Es hat lediglich die Chance, sich in die erwachsenen Bezugspersonen einzufühlen, vorausgesetzt allerdings, dass es von ihnen nicht verwöhnt wurde. Ein Erstgeborenes erlebt die Verwöhnung jedoch sehr oft. Für die Ehe der Eltern ist es ein Segen und zugleich die große Freude der Großeltern. Umgeben von seinen Gönnern empfindet sich das Erstgeborene wie auf einem Thron. Die Bezugspersonen fühlen sich weit mehr in die Wünsche des Kindes ein, anstatt das sich entwickelnde kindliche Ich mit eigenen Gefühlen, auch unangenehmen, zu konfrontieren. Auf diese Weise entgeht dem Kind die Übung zur Selbstwahrnehmung. Dieser Mangel bleibt dem betroffenen Erstgeborenen unbewusst. Er fällt lediglich all den anderen Menschen auf, die sich von ihm uneinfühlsam behandelt und unverstanden fühlen.

Dies ist jedoch kein unabwendbares Schicksal der Erstgeborenen. Später, im Rahmen eines Kindergartens, einer Klassengemeinschaft, eines Jugendvereines u.Ä., ergeben sich genügend Möglichkeiten, immer wieder in die Rolle des Unterlegenen zu kommen und die diesbezügliche Selbstwahrnehmung und die Einfühlung in die anderen auszubilden. Diese Chance kann dem Kind aber auch entgehen, falls es sich aufgrund seiner hohen Intelligenz, seines Geschicks und der Gunst seiner Lehrer jahrelang einbilden konnte, dass es das Größte und das Wichtigste ist und bleibt. Ein Sich-in-andere-Einfühlen und Sich-anderen-Anpassen ist dann nicht notwendig. Das übersteigerte Ego wird für die kleinen Menschlein, die seinen Thron umgeben, blind.

Nun, unsere Bibliothekarin war typischerweise zunächst das bewunderte Einzelkind, und als sie dann ihre zwei Geschwister bekam, galt sie immer als die in jeder Beziehung Überlegene. Auch in der Schule galt sie als die Intellektuellste und konnte einer drohenden Konkurrenz immer ausweichen, vor allem weil sie sich in Bezug auf Bücher bestens auskannte. Später machte sie das sogar zu ihrem Beruf. Heute ist sie die Bibliothekarin, die nicht in der Lage ist, zunächst für sich selbst die Frage zu stellen: »Wie geht es Ihnen, Frau Doktor Prekop, wenn ich Sie frage, ob Sie eine Landkarte lesen können?« Warum fällt ihr dieser Gedanke nicht ein? Zuvor müsste sie sich jedoch die Frage nach ihrer Selbstwahrnehmung stellen: »Was würde ich empfinden, wenn jemand bezweifelt, ob ich eine Landkarte lesen kann?« Die Antwort wäre so eindeutig, dass die zunächst beabsichtigte Fragestellung aus Rücksicht auf den Befragten entfallen würde.

Warum aber macht sich bei mir eine so mächtige Kränkung breit? Im Großen und Ganzen ist doch das Verschulden der Bibliothekarin eine harmlose Bagatelle. Sie beabsichtigte doch gar nicht, mich zu beleidigen. Im Gegenteil: Sie wollte mich für einen weiteren Vortrag gewinnen. Wo also befindet sich in mir der wunde Punkt, der bereits bei einer leichten Berührung so allergisch reagiert?

Als Zweitgeborene von zwei Schwestern wurde ich von der erstgeborenen, alles besserwissenden Schwester stets klein gemacht. Dauernd hat sie mich belehrt, mich korrigiert, mir mehr oder weniger sanft geholfen und mir Empfehlungen gegeben. Dass mir das zu viel war und dass ich dadurch gehemmt, ja von meinem eigenen Willen abgeschnitten und verärgert wurde, hatte meine Schwester nicht wahrgenommen. Bedeutsam für sie war, dass sie sich dadurch unaufhörliche Nachweise für ihre eigene Größe besorgte. Sie fühlte sich somit nicht nur durch sich selbst bestätigt. Als die ältere, helfende, belehrende und miterziehende Schwester machte sie unseren Eltern große Freude. Selbstverständlich hat sie es auch gut gemeint. Bis heute hält sie ihre Bevormundung für ein Verdienst und glaubt mir nicht, dass mich ihre Hilfen damals (wie manchmal auch noch heute) verärgerten. Ihre gut gemeinten Ratschläge wirkten wirklich wie Schläge. Je selbstverständlicher und auch von der Kleineren leichter nachvollziehbar die Ratschläge waren, umso verletzender wirkten diese. Als Kind fühlte ich mich ohnmächtig, wehrlos, erschlagen. Ich konnte nicht zurückschlagen, weil ich die Redegewandtheit und die Schlagfertigkeit beim Argumentieren noch nicht besaß. Nichts anderes blieb mir also übrig, als meine Wut zu schlucken.

In den Jahren des Zusammenlebens mit meiner Schwester staute sich die Wut an. Und obwohl ich sie später in Fantasien, in Hexenrollen auf der Laienbühne und in Sportkämpfen abreagieren konnte, und obwohl ich lernte, Kränkungen auszudrücken und mich in der Außenwelt zu verteidigen, blieb in mir die angestaute Wut gegen meine Schwester mit all den daran gebundenen kleinkindlichen Ohnmachtsgefühlen stecken. Eine zwar kleine, jedoch hochgradig schmerzhafte Wunde.

Jede ähnliche Situation wird zur Nadel, die in die Wunde sticht und den angestauten Eiter loslöst. Sobald ich eine schulmeisterhafte Stimme höre, die meine Landkartenkenntnisse anzweifelt und das, obwohl bekannt ist, dass ich wegen meiner Vortragsreisen mit meinem Auto bereits seit vielen Jahren kreuz und quer durch das Land ziehe, höre ich sofort die Stimme meiner Schwester von damals: »Vergiss nicht, den neuen Satz mit einem großen Buchstaben zu beginnen!« Und ich höre auch den Satz von heute: »Hast du zu dem Hefeteig Hefe getan?«

Heute verstehe ich, in welche Not meine Schwester mit meiner Geburt geraten ist. Und so kann ich mich jetzt auch in die Bibliothekarin einfühlen. Wie gut, dass ich nicht sofort allergisch reagierte, sondern mir Gedanken über ihre Beweggründe machte.

»Falls Sie mich nochmals einladen möchten, komme ich gerne«, ist das Ergebnis meines einfühlenden Nachdenkens.

Zwei typische Probleme mit Kindern

»Mein Bub ist sehr unruhig. Der Kinderarzt hat ihn schon als hyperaktiv, oder aber wie man heute sagt, als ADS-Kind diagnostiziert und meint, dass in absehbarer Zeit Ritalin zu verordnen wäre«, klagt eine Mutter. Während des Berichtens versucht sie den zweijährigen Bub auf dem Schoß zu halten. Es gelingt ihr aber nicht. Sie wendet zwar ihre ganze Kraft auf, er aber auch, und zwar gegen sie. Dauernd rutscht er ihr aus ihrer Umarmung. Sie versucht ihn wieder einzufangen, aber er gleitet wie ein glatter Aal aus ihren Armen. Letzten Endes verliert sie den Machtkampf und lässt ihn gehen. Wie ein Schmetterling flattert er von einem Ding zum anderen. Ein Weile ist er mit den Legosteinen beschäftigt, dann versucht er sich an einem einfachen Puzzle, vollendet es aber nicht, schmeißt die Teile durch die Gegend und, und, und.

»Was, meinen Sie, empfindet Ihr Kind, wenn es ihm immer wieder gelingt, sich mit eigener Kraft gegen Sie durchzusetzen?«

»Wie meinen Sie das?«

»Genau so, wie ich es sage«, und ich wiederhole meine Frage nochmals.

»Darüber habe ich noch nicht nachgedacht«, gibt sie mir zur Antwort.

»Versuchen Sie einmal, sich in ihn einzufühlen. Was empfindet er, wenn er sich nach längeren Anstrengungen gegen Sie durchsetzt? Wen hält er für den Stärkeren: die Mama oder sich selbst?«

Ein Schweigen. Was soll die Frage?

»Ich meine die Frage ernst. Wen hält er für den Stärkeren: die Mama oder sich selbst? Ich warte so lange, bis Sie mir eine Antwort geben. Dies ist wirklich die wichtigste Frage in unserem Gespräch. Wen betrachtet Ihr Sohn als den Stärkeren: sich selbst oder die Mutter?«

Sie ist immer noch unschlüssig. Dann lasse ich ihr eine Selbsterfahrung zukommen.

»Machen wir das gleiche Kräftespiel miteinander. Setzen Sie sich auf meinen Schoß und versuchen Sie wegzukommen.«

Die Frau folgt meinem Angebot. Trotz ihrer anfänglichen Hemmungen setzt sie sich auf meinen Schoß. Natürlich gelingt es ihr, wenn sie ihre volle Kraft einsetzt, sich gegen mich durchzusetzen.

»Wen empfinden Sie als den Stärkeren in dieser Situation?«

»Natürlich mich selber.«

»Genau! Darin liegt auch das Problem. Wen betrachtet Ihr kleiner Sohn als den Stärkeren?

»Sich selber.«

Nun haben wir die Antwort. Die wichtige Erkenntnis. Was meint nun die junge Mutter? Kann ihr Sohn sich bei ihr geschützt und geborgen fühlen, wenn sie ihm schwächer erscheint, als er ist? Kann er sich ein Vorbild an ihr nehmen, wenn sie ihm unterlegen ist? Nimmt er von ihr die Orientierung, was gut und was schlecht ist, an, wenn sie wenig oder sogar nichts zu sagen hat und andauernd in die graue Zone zwischen dem Ja und dem Nein gerät? Ist es ihm möglich, diese Wischiwaschi-Mutter zu achten und zu lieben? Empfindet er sie nicht eher als eine Art Belästigung?

Ohne die leibliche Selbsterfahrung, die die Einfühlung in die Lage des Kindes vermittelt, hätte die Mutter diese Einsicht wohl nicht gewonnen. Natürlich weiß die junge Frau, dass das Kind eine starke Mama braucht. Wie es dem Kind aber geht, wenn es die starke Mama vermisst, hat sie erst durch die Selbsterfahrung begriffen.

Ein anderer Fall: Die pubertierende Tochter lässt alle ihre Sachen verstreut im Wohnzimmer liegen und verschwindet dann in ihr Zimmer, wo sie ihre Lieblingsmusik überlaut einschaltet und diese rücksichtslos durch das ganze Reihenhäuschen dröhnen lässt. Manchmal verlasst sie auch das Haus und geht wahrscheinlich in die Disco. Was soll man hier tun?

Zunächst frage ich, was die Eltern tun. Sie schimpfen, sie verbieten ihr die Lautstärke, sie verbieten ihr die Disco. Sie aber macht es dennoch.

»Haben Sie ihr schon Gelegenheit gegeben, sich in Ihre Gefühle einzufühlen?«

»Was meinen Sie damit?«

»Ob sie weiß, wie es Ihnen gefühlsmäßig geht, wenn Sie aus Rücksicht und Liebe Ihre pubertäre Rebellion mäßigen?«

»Wir schimpfen sie doch. Wir sagen ihr doch, das darfst du nicht. Schluss mit der lauten Musik! Die wird ausgeschaltet.«

Es fällt mir nicht leicht, die Eltern darüber aufzuklären, dass Verbote keine Motivation für das Kind darstellen, sich aus Liebe und Rücksicht auf die Eltern heraus zu ändern. Nur eine emotionale Konfrontation kann dies bewirken. Im Klartext heißt das, der Tochter zu sagen: »Es ärgert uns, wenn du deine Sachen herumliegen lässt. Dein Vater kann sich nach einem harten Arbeitstag, an dem er auch für dich das Geld verdient, bei der dröhnenden Musik nicht erholen. Das macht mich traurig, wenn du es nicht wahrnimmst. Wir haben Angst um dich, wenn du ohne Vorankündigung aus dem Haus gehst. Wir lieben dich doch nach wie vor, auch wenn du gegen die Grenzen unseres guten Geschmacks verstößt. Selbstverständlich hast du ein Recht auf dein Aufbäumen, aber bitte fühle dich auch in uns ein, wie es uns ergeht, wenn du dich aufbäumst.«

Nein, einen solchen Umgang pflegen sie mit ihrer Tochter nicht. So wie heute haben sie sich um ihre Tochter auch erzieherisch bemüht, als sie noch klein war. Bloß heute lässt sie sich nicht mehr erziehen, das ist das Problem. Sie haben sich immer um eine konsequente erzieherische Haltung bemüht, so wie es ihnen ein Erziehungsberater empfohlen hat. Sie seien niemals schwammig gewesen. Das unerwünschte Verhalten haben sie bestraft und das erwünschte Verhalten belohnt. Um ein Bild davon zu bekommen, welche Chance die Tochter zur Entfaltung des Einfühlungsvermögens bekam, lasse ich mir einige Beispiele dafür nennen.

Wenn sie etwas Gutes tat, haben die Eltern sie mit »toll!«, »prima!« oder mit »super hast du das gemacht« gelobt. Und wenn sie nicht folgte und frech war, sei sie mit einem Klaps bestraft worden oder habe so lange in ihrem Zimmer bleiben müssen, bis sie wieder anständig wurde und sich entschuldigte. Auch mit dem Verbot von Fernsehen oder von Süßigkeiten sei sie bestraft worden.

Wo aber sind die Gefühlsäußerungen geblieben, die dem Kind zur Einfühlung in die Eltern verholfen hätten? Auf welches Gefühl der Eltern hätte das Kind bei seiner Entwicklung Rücksicht nehmen können, wenn die Eltern kein Gefühl geäußert haben?

Aus dem Alltag in einem Kindergarten

Irmgard ist schon über zwanzig Jahre als Kindergärtnerin tätig. Sie erzählt mir: »Es ist Winter, minus fünf Grad Celsius. Julian erscheint mit T-Shirt und Sandalen im Kindergarten. Ich spreche die Mutter an, dass Julian bei dieser Witterung nicht gerade dem Wetter entsprechend gekleidet sei. Pullover, Jacke und Winterstiefel seien wohl eher angebracht. Die Mutter antwortet: ›Das habe ich ihm auch gesagt, aber er ließ sich nicht überreden. Er hat doch das Recht, sich frei zu entscheiden.‹«

Welch ein Mangel an Einfühlung und Fürsorge! Der vierjährige Junge ist doch noch nicht in der Lage, sich der Folgen seiner Entscheidung bewusst zu sein! Wenn sich die Mutter in den Jungen eingefühlt hätte, wie es ihm geht, wenn er längere Zeit ohne die notwendige Oberbekleidung im Frost herumläuft, so hätte sie ihn warm angezogen, ganz egal, ob er das momentan will oder nicht. Ohne die einfühlende Vorstellung seitens der Mutter muss er nun leiden. Indem die Mutter die Entwicklungsstufe seines Urteilsvermögens nicht berücksichtigt und ihm den Preis für seine zu frühe freiheitliche Entscheidung zahlen lässt, handelt sie eigentlich rücksichtslos.

Der nächste Fall: Die fünfjährige Nina erscheint immer in der teuersten Kleidung nach der neuesten Mode. Täglich wird gewechselt. Jedes Mal beim Abschied im Kindergarten bekommt Nina die Mahnung mit auf den Weg: »Mach dich nicht schmutzig!«

Hat sich die Mutter überhaupt Gedanken gemacht, wie es Nina den ganzen Tag im Kindergarten ergeht? Dass sie sich auf das Malen und auf die Spiele mit den Kindern gar nicht frei einlassen kann? Dass sie von den Kindern als Außenseiterin angesehen und abgestempelt wird? Dass sie von einigen Mädchen beneidet und gehänselt wird? Wem zuliebe wird Nina zum Vorführkind auf dem Modemarkt? Die Antwort darauf ist nicht schwer zu finden.

Und noch ein Fall: Andreas bekommt jeden Morgen von seiner Mutter die Bitte mit auf den Weg, ein Bild für die Mama zu malen. Beim Abholen vergisst die Mutter nie nachzufragen: »Hast du ein Bild für mich gemalt?«

Nichts ist dagegen einzuwenden, dass die Mutter dafür sorgt, von ihrem Kind während seines Aufenthaltes im Kindergarten nicht vergessen zu werden. Aber ist es notwendig, dass die Mutter zu diesem Zweck ein eintöniges, beinahe maschinelles Programm ohne Variationen wählt? Erst indem man sich in das Kind einfühlt, bekommt die einfältige Idee der Mutter klarere Konturen. Und diese Konturen sind schwarz.

Natürlich vergisst das Kind mindestens die Hälfte der Tage, das verlangte Bild zu malen. Und manchmal fällt das Malen auch ganz aus. Bei der Frage der Mutter nach dem Bild fühlt sich das Kind zwangsläufig schuldig. Völlig unnötig wird das Kind mit Schuld beladen. Ihre enttäuschte Reaktion signalisiert dem Kind, wie die Liebe der Mutter angekratzt ist und wie sie die Liebe des Kindes in Zweifel zieht.

Hätte die Mutter nur rechtzeitig daran gedacht, welche Folgen ihr Verlangen hat, hätte sie das Kind vor unnötigen Frustrationen verschont! Ein Armband, ein Amulett oder ein Anhänger mit ihrem Bild würde dem Liebesdienst problemlos gerecht werden.

Fälle ohne Ende.

Ihren dreijährigen Joshua schickt die Mutter mit Fieber in den Kindergarten. 38,6 Grad steht auf der Anzeige, als die Erzieherin, der der Junge wegen seiner Ermattung aufgefallen war, das Fieberthermometer holt. Sie ruft die Mutter an, ob sie Joshua nicht abholen kann. Ausgeschlossen! Sie habe noch einen wichtigen Termin.

»Es ist doch egal, wo sich das Kind mit seinem Fieber aufhält. Ich wusste schon morgens, dass er fiebert. Aber weil ich weg musste, habe ich Joshua bei Ihnen abgeliefert. Er ist bei Ihnen doch gut untergebracht.«

Welch eine stiefmütterliche Fürsorge, denke ich. Kann sich die Mutter in ihren Joshua nicht hineinfühlen, wie er sich in seiner fieberhaften Benommenheit ohne Mama fühlt? Wie ihm wahrscheinlich das Jauchzen und Schreien der Kinder zur Belästigung, vielleicht sogar zum Albtraum wird? Dass er am liebsten in seinem Bett mit seinem Teddybär und bei seiner Mama wäre?

Indem ich selber auf diese Fragen antworte, wird mir das Verhalten der Mutter immer unverständlicher. Kann es wahr sein, dass sie so kaltblütig ist? Bald bekomme ich eine Gelegenheit, sie kennen zu lernen. Ich erfahre, dass sie ihre Kindheit im Osten verbrachte. Weil beide Eltern berufstätig sein mussten, kam sie schon mit einem halben Jahr in die Kinderkrippe. Nur an den Abenden und in den Nächten war sie bei ihren Eltern. An den Wochenenden hatte jeder von den Eltern zu tun. Eigentlich war sie eher in der Massenpflege der Krippe daheim als in ihrem elterlichen Zuhause. Sie mutete ihrem Joshua keinen größeren Kummer zu, als sie selber durchgemacht hat. Wer hat sich in sie eingefühlt? Was das Hänschen lernte, macht der Hans weiter. Plötzlich verstehe ich.

Eine Schnappschussaufnahme vom schulischen Pausenhof

Die große Pause in der Grundschule. Zwischen den Mädchen und den Buben zeichnet sich eine klare, wenn auch nicht sichtbare Trennungslinie ab. Während die Mädchen kichernd oder auch streitend Gespräche führen, sind die Buben auf dem Kriegspfad. Hier wird geschossen, getreten, geschlagen, gekämpft. Gnadenlos. Ohne jegliche Hemmungen wird der Gegner niedergemacht. Getreten liegt er schon auf dem Boden und schreit: »Hör auf, bitte.« Sein Angreifer hört aber nicht auf. Er tritt und tritt, so wie er es in Filmen sieht. Ohne jegliche Einfühlung in den bereits Besiegten.

Buben haben schon immer Kriege geführt, sich bekämpft, die Rangordnung untereinander ausgefochten. Eine Ohrfeige oder ein Schlag in den Bauch waren keine Ausnahmen. Wenn jedoch Blut floss, hat man aufgehört. Und kapitulierte der Gegner, wurde ihm mit Verachtung immerhin Gnade erteilt. Das Gegenüber wahrzunehmen und Rücksicht auf es zu nehmen, waren noch vor ein paar Jahrzehnten gang und gäbe. Mit welcher Geschwindigkeit sind diese Maßstäbe verschwunden. Und steigt nicht mit dem gleichen Tempo die Kriminalität der Kinder und Jugendlichen? Professor Dr. Rudolf Egg, Kriminologe aus Wiesbaden, sagt zu dem Thema: »Die Hemmschwelle jugendlicher Gewalttäter ist stark gesunken. Ein Streit zum Beispiel um eine Jacke ist Anlass genug, jemanden krankenhausreif zu schlagen. Innerhalb eines Jahres ist die Zahl der Gewaltstraftaten von 160 000 auf 187 000 Fälle gestiegen ... Die wirkliche Ursache ist eine Form der Verrohung, die aus dem sozialen und familiären Umfeld der Täter kommt. Die Gewalt in den Medien mag auch eine Rolle spielen, wird aber überschätzt.«

Was wird aus diesen Jungen werden, wenn sie jetzt schon mit sinnloser Brutalität zuschlagen! So sinnlos ist jedoch für diese Jungen ihre Aggressivität nicht. Aus reiner Freude an ihrer eigenen kämpferischen Kraft fordern sie andere heraus und greifen an. Dabei ist es ihnen egal, wen sie im Augenblick treffen. Schon ein etwas anders aussehendes Gesicht oder eine andere Hautfarbe reichen als Anlass zum Angriff aus. Lacht das Gegenüber sie freundlich an, so deuten sie es als Hohn. Bemüht sich der vorbeigehende Mensch unbemerkt zu bleiben und aus diesem Grund den Blickkontakt zu meiden, dann deuten es die Angreifer als beleidigende Missachtung. Zweifellos haben die Jungen ein Recht auf das Ausleben ihres aggressiven

Antriebs. Bloß geht ihr Verständnis am Sinn der Menschlichkeit vorbei.

Solange diese Jungen noch keine echten Kerle und daher noch formbar sind, wünsche ich ihnen ein intensives Training im Umgang mit der Aggressivität. Vor allem sollten sie lernen, die gute Aggressivität von der destruktiven unterscheiden zu können. Sie sollten wissen, dass sie ihre aggressive Energie entladen dürfen, jedoch nur auf eine Weise, die dem allgemeinen Anstand entspricht. Dazu zählen nicht nur Sportarten wie Fußball, Boxen und Fechten, sondern auch spontane Kämpfe mit einem richtigen Gegner nach fairen Regeln. Auch sollten sie sprachbetonte Strategien zur Konfliktbewältigung erlernen, damit die körperliche Auseinandersetzung verhindert werden kann. Hier gilt die überall bekannte Regel, dass der Mensch dem anderen Menschen nichts antun soll, was er selber nicht will, dass ihm angetan wird. Daran wird deutlich, dass die Selbstwahrnehmung die Grundvoraussetzung für die Einfühlung ist. Ohne diese kann der Mensch nicht wissen, wie es dem anderen Menschen in einer vergleichbaren Situation ergeht. Ob diese Jungen rechtzeitig eine Chance zur Selbstwahrnehmung bekommen haben? Rechtzeitig heißt: vom frühesten Zeitpunkt an, spätestens ab der Geburt. Die Selbstwahrnehmung beginnt ja in zarten, noch unbewussten Ansätzen bereits im Mutterleib, wenn die werdende Mama die Bindung mit ihrem Baby spürt und aus Freude darüber die Bewegungen des Kindes mit ihrem Streicheln beantwortet. Hatte und hat dieser Junge eine Mutter, die an seinen Gefühlen interessiert war und ist? Wenn er sich freute, freute sie sich mit ihm? Wenn er traurig war, hat die Mama an seiner Trauer wahrnehmbar teilgenommen und ihn getröstet? Hat sich diese Mama in ihn hineingefühlt, um ihm seine Gefühle widerzuspiegeln und somit bewusst zu machen? Ferner frage ich, ob auch der Vater einfühlend war und ob er darüber hinaus für seinen Sohn zum Vorbild der guten Aggressivität wurde und ihm auch die Regeln zur Konfliktbewältigung beigebracht hat? Ich fürchte, es bezweifeln zu müssen. Die armen Jungen von heute!

Hier stellt sich die Frage, ob die Mutter selber eine einfühlende Mutter hatte und der Vater in seinem Vater das Vorbild finden konnte? Und wieder einmal gilt: Was das Hänschen nicht bekommen hat, kann der Hans nur sehr schwer weitergeben.

Noch ein Bild aus der Schulpause

Der Kiosk wird gestürmt. Keine Schlange, wie man sie meistens von Erwachsenen noch kennt. Offensichtlich zählt diese Regel für die Kinder heute nicht mehr. Von allen Seiten drängen sich die Starken zur Verkäuferin ans Fenster vor und schieben die Schwachen zurück. Ein Unterschied zwischen Jungen und Mädchen ist nicht erkennbar. Keinen Blick tauschen die Kinder aus, der einer Rücksichtnahme dienlich wäre. Wenn schon Blickkontakt, dann im schadenfreudigen Sinne: »Ätsch, ich habe dich doch überholt.«

Warum versucht die Verkäuferin nicht eine Ordnung herbeizuführen? Aber warum sollte sie auch? Sie ist hier doch nicht wegen der Erziehung angestellt. In diesem Hause sind viele hoch ausgebildete Pädagogen vorhanden. Wo sind die denn? Warum nimmt hier kein Lehrer seine Aufsichtspflicht wahr, um den Kindern Anstandsregeln beizubringen?

Daran mangelt es bei den heutigen Schulen in vielen Ländern: Die Vermittlung des sachlichen Wissens und der Kulturtechniken erscheint weit wichtiger als die Erziehung zur Menschlichkeit. Die Vermittlung der Mathematik und der Chemie steht im Vordergrund. Was zu den Anstandsregeln gehört, wie man den zwischenmenschlichen Kontakt pflegt, wie man sich einem Konflikt mit dem Mitschüler stellt, um sich anschließend wieder versöhnen zu können, all das sind vernachlässigte Themen. Wo aber sonst, wenn nicht im Elternhaus und fortgesetzt in der Schule, soll die Erziehung zur Wertorientierung vermittelt werden? Selbstverständlich sollte die Schule als verlängerter Arm der Eltern dienen. Hierbei drängt sich in manchen Fällen die Frage auf, ob überhaupt ein Fundament vom Elternhaus her da ist, um darauf aufbauen zu können. Auch umgekehrt stellt sich die Frage, ob das im Elternhaus gelegte Fundament in der Schule nicht kaputtgeht, falls die Schule einem Dschungel ähnelt.

Gott sei Dank ist derzeit im Schulwesen eine Welle der Erneuerung zu spüren. Ohne die Krise wäre sie allerdings nicht entstanden. Möge es nicht bei einer Welle bleiben!

In der Ehe

»Ich bin fremdgegangen. Ein kleiner unverbindlicher Seitensprung. Nur für eine Nacht während einer Dienstreise«, vertraut mir ein guter Bekannter an.

»Na und? Warum erzählst du es mir?«

»Ich wusste nicht, ob ich es meiner Frau beichten soll oder nicht. Ehrlichkeit geht über alles, dachte ich. Also habe ich es ihr gesagt. Was meinst du, war das richtig so?«

»Da fragst du mich zu spät, mein lieber Freund. Oder hatte sie vielleicht einen Verdacht? Fand sie vielleicht Schminke auf deinem Pyjama?«

»Nein. Sie hatte nicht die leiseste Ahnung. Jetzt ist sie mir sehr böse.«

»Kein Wunder! Wunderst du dich? Damit hast du doch rechnen müssen. Hast du dich in sie eingefühlt, wie sie darauf reagieren würde, wenn sie es von dir erfährt? Sie liebt dich doch. Du bist ihr Ein und Alles.«

»Das war einmal. Vor meinem Geständnis noch. Jetzt ist sie entsetzt und will weg von mir. Oder sie müsste auch fremdgehen, als Ausgleich sozusagen.«

»Logisch. Die Liebe ist schwer verwundet. Sag mal, was war dir eigentlich lieber? Das Aufrechterhalten deiner Ehrlichkeit oder die Liebe zu deiner Frau?«

»Eigentlich meine Ehrlichkeit. Ich wollte mit dem Geheimnis, mit der Verleugnung nicht leben. Aber jetzt ist mir die Liebe wichtiger geworden.«

»Das erkennst du erst, nachdem du die Folgen ausbaden musst. Wie betroffen deine Frau ist, weißt du erst jetzt, nachdem es passiert ist. Du hättest mit ihrer Betroffenheit im Voraus rechnen sollen. Dann hättest du sie geschont, geschwiegen, deinen Seitensprung geheim gehalten und dich lieber mit deinen Gewissensbissen geplagt. Du hast vor allem an deinen Kummer gedacht und dabei auf ihren Schmerz keine Rücksicht genommen. Da fehlte dir, mein lieber Junge, etwas von der emotionalen Intelligenz. Hättest du nur ein bisschen im Voraus kombiniert: Wenn ... dann ... Diese geistige Kombination hätte dir dann den Rückschluss auf die Richtigkeit deiner Handlung gegeben.«

»Ich bin ein Trottel.«

»Ja.«

Von der emotionalen Impotenz in der Sexualität

Einige Frauen, die ich als gute Mütter kenne und deren Ehe ich mit meiner Beratung nicht retten konnte, gingen lesbische Beziehungen ein. Sie konnten mit mir darüber offen reden.

»Mein Mann hat nie gespürt, was ich brauche. Ich versuchte ihm anzudeuten, an welcher Stelle ich von ihm stimuliert werden möchte. Es war mir fast peinlich, seine Hände dorthin zu führen. Sobald ich etwas spürte, entglitt er mir schon wieder. Noch peinlicher war es mir, ihm das offen zu sagen, wenn er es selber nicht spürte. Natürlich war ich sehr gerne bereit, mit ihm so zu schmusen und ihn so zu reizen, wie es ihm gut getan hat. Ich gab es ihm im Voraus, um ihn zum Gegengeschenk zu verführen. Nichts zu machen. Er legte sich auf den Rücken, seine Hände passiv daneben, höchstens einmal auf meine Schultern oder an meinen Kopf, wo ich keine erotischen Zonen habe. Wie ein Pascha ließ er sich von mir verwöhnen und liebkosen. Und ich selber kam mir wie eine von vielen im Harem vor, die den Herrn bedient und selber nur Almosen bekommt. Nie hatte ich einen Orgasmus mit ihm. Er dafür jedes Mal. Als es schon zwischen uns krachte, verteidigte er sich damit, dass er machen würde, was er nur konnte. Es lag nicht an seiner sexuellen Potenz, sondern an seiner emotionalen Impotenz. Er dachte immer an sich, an seinen Genuss, an seinen Orgasmus.«

»Geht es Ihnen in einer lesbischen Beziehung darum, sich mehr wie ein Mann zu fühlen?«

»Ah wo! Niemals. Und meiner Freundin auch nicht. Ich bin ganz froh, dass ich eine Frau bin und meine Freundin auch. Bloß weiß sie als Frau wohl besser als ein Mann, was mir als Frau gut tut. Auch bei mir ist es so. Erst wenn wir unter uns Frauen sind, bekommen wir einen Orgasmus. Als Frauen können wir uns ineinander gut einfühlen.«

Ich frage die Frau, was sie schon alles unternommen hat, um ihrem Mann ihre sexuellen Bedürfnisse klarzumachen. O ja, sie habe ganz unauffällig im Fernsehen Werbungen für Pornodienste laufen lassen, damit er merkt, worauf die Frauen bei der Selbstbefriedigung oder bei ihrem lesbischen Verkehr hinweisen, was sie sexuell erregt. Heterosexuelle Pornofilme habe sie ihm lieber nicht gezeigt. Denn hier verhalten sich die Liebhaber ähnlich wie ihr Mann. Nach einem leidenschaftlichen Kuss und kurzem Streicheln gehen sie alsbald zur Sache. Zur unteren Sache. Das Oben, das heißt das Liebkosen der Brüste, muss sich die Frau zum größten Teil selber besorgen. Sie habe den Eindruck, dass solche Filme nicht von Frauen gedreht werden, sondern von Männern. Sie habe mit ihrem Mann darüber gesprochen, jedoch so, als ob es nicht um sie selbst ginge, um ihn nicht zu verletzen oder nicht ordinär zu erscheinen. Sie versuchte das Thema ganz allgemein zu betrachten. Ihren Mann habe es aber nicht im Geringsten berührt. Er habe nichts verändert. Selbstverständlich könnte sie sich mit Onanie befriedigen, sie komme sich dabei jedoch etwas komisch vor. Es sei viel schöner, wenn die gegenseitige Befriedigung zwischen zwei Menschen passiert. Zwar würde sie es lieber mit einem Mann tun. Aber letzten Endes seien doch alle Männer gleich. Alle sind fixiert auf den Unterleib. Frauen aber lieben es eher oben, nicht nur an den Brüsten, auch in der Fantasie. Diesbezüglich verstehe sie sich mit ihrer Freundin prächtig. Ihr brauche sie überhaupt nicht zu sagen, was sie möchte. Ihre Freundin weiß es, weil sie als Frau ähnliche, ja sogar die gleichen Lustbedürfnisse habe.

Auch zwischen Männern nimmt die Homosexualität in Riesenschritten zu. Dafür ist nicht nur die größere Toleranz der Öffentlichkeit verantwortlich, die die große Dunkelziffer ans Licht gebracht hat. Viele bis dahin heterosexuell lebende Männer finden zunehmend Gefallen an Bisexualität und manche von ihnen bevorzugen eindeutig den gleichgeschlechtlichen

Verkehr. Immer wieder gelingt mir ein offenes Gespräch mit diesen Männern. Meist höre ich die gleichen Begründungen für die homosexuelle Vorliebe, die ich auch von den Frauen in lesbischen Beziehungen hörte. »Der Mann fühlt sich besser in die ihm vertrauten männlichen Lustbegierden ein.« »Der Partner ist für mich wie ein Spiegel. Als wäre er mein zweites Ich. Mit meinem sexuellen So-Sein finde ich mich in ihm wieder.« »Ich hole mir bei meinem Freund, was ich selber brauche, und er holt es sich bei mir.« Unter den Gleichen gelingt also die sexuelle Einfühlung besser. Ohne viel Anstrengung, die normalerweise der gegengeschlechtliche Partner kostet, kann man bei dem Gleichgeschlechtlichen sein eigenes Ego intensiver genießen.

Verrückte Welt! Die Ehe bricht zusammen, die Kinder müssen die Trennung der Eltern erleiden und auf weitere Geschwister verzichten, weil die Frauen lesbische und die Männer homosexuelle Beziehungen eingehen und das alles nur, weil sich der Mann in die Frau und die Frau in den Mann nicht einfühlen kann.

Übrigens höre ich von manchen Ehemännern, die immer wieder unter ihrer Impotenz leiden, Vorwürfe gegen die mangelhafte Einfühlsamkeit der Frau. Sie fühlen sich durch die hohen Erwartungen der Frau überfordert. Sie besteht auf einem idealen Koitus mit einem langen Vorspiel und unbedingt auf ihrem Orgasmus, der kurz vor dem des Mannes oder gleichzeitig zustande kommen soll. »Wenn sie bloß wüsste, wie es mir bei diesem Kommando geht!« Nun ja, die Frau kann es nicht wissen, da sie eine solche Erfahrung nie macht. Den Leistungsdruck muss sie nicht erleiden. Denn der Frau ist es möglich, den Orgasmus vorzutäuschen, dem Mann jedoch nicht. Die hohe Erwartung der Frau und die eigene, um der Frau den entscheidenden erotischen Gefallen zu tun, schüren bei dem Mann Ängste. Ängste vorm Versagen, Ängste vor der Enttäuschung der geliebten Frau, Ängste vor dem Verlust der Liebe,

Ängste vor der Entmannung. Darunter schwindet die Lust und die Spontaneität, unbedingte Voraussetzungen dafür, dass sich der Mann frei fühlen kann. Die Folge ist dann, dass der betroffene Mann von seinem ganzheitlichen Erleben seine körperlichen Empfindungen abspaltet, um sie unter Kontrolle zu halten, und in einen Teufelskreis gerät: Je größer die Angst ist, desto weniger fühlt er sich im Kontakt mit seinen ganzheitlichen Kräften, und je schwächer er sich fühlt, umso mehr steigen seine Ängste hoch.

Sicherlich gibt es auch andere Gründe für die Impotenz. Des Weiteren ist es nachvollziehbar, dass Homosexualität auch durch genetische, hormonelle oder emotionale Faktoren oder durch systemische Verstrickungen entstehen kann. Wenn aber die mangelhafte Einfühlung zwischen zwei Geschlechtern als immer häufigere Ursache gilt, dann erschreckt mich dies, denn es wird der innigste, zarteste Kern der Liebe angegriffen. Die Urquelle der Liebe ist in Gefahr und das Mysterium der Liebe schwindet. Es ist ja von der Schöpfung her gewollt, dass die Liebe zwischen zwei verschiedenen Geschlechtern entsteht und in allen Variationen des Nehmens und des Gebens, der Anpassung und der Durchsetzung, der Mühsal und der Frische, des Hasses und der Liebe gelebt wird. Eben der Gegensatz fordert ja die Anziehungskraft zwischen Mann und Frau und die Einfühlung heraus. In der Verbindung zwischen Mann und Frau kommt die Grundformel der Schöpfung, nämlich das Gesetz der Gegensätze, sprich die Polarität, zur Krönung ihrer Wirksamkeit. In dieser Formel ist die Liebe verschlüsselt und die Fortpflanzung der eigentliche Sinn der Schöpfung.

Wird anstelle der Einfühlung in das Gegensätzliche das Mitfühlen mit dem Gleichen gelebt, und steht anstelle des Altruismus der Egoismus im Vordergrund, so kommt eine Reduktion zustande. Die Schöpfungskraft sinkt.

Wissenschaftler und Publizisten machen sich Gedanken über Ursachen und Abhilfen. Während ich dieses Kapitel schreibe, kommt die Nummer 7/2002 von *Focus* heraus, die vorwiegend dem Thema Sexualität gewidmet ist. Unter der Überschrift »Die Sex-Flaute« ist zu lesen: »Mit Erstaunen verzeichnen die Sexprofessoren der 90er-Jahre sinkende Lustziffern, ja sogar schon bei Studenten. Der Schlüssel zum Glück trägt einen viel versprechenden Namen: sexuelle Intelligenz. Diese suggeriert, ein jeder könne den richtigen Umgang mit der Libido lernen wie Arithmetik oder eine Fremdsprache ... Die Sexintelligenz wird nicht in der Zahl von Orgasmen, Erektionen, Partnern, Geburten oder daran gemessen, dass man bemalte Schamlippen in die Kamera hält. Sexuelle Intelligenz besteht aus Fragen, Antworten, Theorien und Ideen ... Den Sex-Intelligenzquotienten erwirbt man also in schlauen Büchern.« Lauter rationale Begriffe, Kopflastigkeit. Kein Wort von der Liebe. Und doch finde ich zwei Zitate, in denen die Liebe eine Rolle spielt. Ansatzweise, allerdings erst an letzter Stelle, betonen die amerikanischen Testentwickler Conrad und Milburn die Wichtigkeit der aktiven Einfühlung: »... sexuelle Intelligenz ist eine Kombination aus Wissen, kommunizieren können und seine geheimen Wünsche kennen – und diese auch zu leben vermögen.« Auf den Punkt bringt es auch Professor Norbert Kluge von der Universität Koblenz-Landau: »An die Intelligenz zu appellieren erscheint mir typisch amerikanisch. Alles soll durch Lernprogramme vermittelt werden. Dabei gibt es ja immer noch einen Unterschied zwischen Wissen und Tun. Ich würde eher von ›sexueller Kommunikation‹ oder ›sexueller Kompetenz‹ sprechen ...«, und die besteht darin, »den Partner ernst zu nehmen, immer wieder von neuem. Ihn nicht zu instrumentalisieren für meine Belange. Die Andersartigkeit des Partners akzeptieren und unterstützen. Beziehungsnormen aushandeln, auch für den sexuellen Bereich. Verstehen, dass die Beziehung nichts Fertiges, sondern etwas Dynamisches ist. – Und immer beachten: Verhalte dich dem Partner gegenüber so, wie du möchtest, dass er sich dir gegenüber verhält.«

Ein billiger Trost kann tödlich sein

Dieser Fall ging durch die Presse. Im Internet lernte der neunzehnjährige David die siebzehnjährige Anne kennen. Die erste große Liebe seinerseits. Er erhoffte sich das Gleiche von ihr. Stundenlang haben die beiden telefoniert und per Post Fotos ausgetauscht und Herzchen gemalt. Davids Liebe konnte die Ferne nicht mehr ertragen. Er entschloss sich, Anne endlich einmal zu besuchen und sie auf dem Rückweg in sein Elternhaus mitzubringen. Die Eltern haben sich darüber sehr gefreut. David war ja ihr einziges Kind, um das sie sehr besorgt waren und ihm deshalb eine glückliche Liebe sehr wünschten. Am nächsten Tag kam David aber ohne Anne zurück. Sie habe ihn abgewiesen. Beim persönlichen Kennenlernen habe sie dies und jenes enttäuscht. Den todunglücklichen David versuchte sein Vater zu trösten: »Du wirst dich noch zwanzigmal verlieben.« David verkroch sich in sein Zimmer, setzte sich an seinen Computer und kündigte seinen Selbstmord an. Am nächsten Tag warf er sich vor den Zug. Zu spät hat der Vater darüber nachdenken können, dass sein tröstender Satz fehl am Platze war.

An dieser Stelle verweise ich auf das Buch meiner Kollegin Erika Schuchardt *Warum gerade ich ...?*. Aus dem Schatz von über 2000 Lebensgeschichten aus aller Welt entwickelte sie ihr *Krisen-Verarbeitungs-Modell* in acht Spiralphasen (siehe Abb.). Danach handelte der Vater selbst hilflos, nur verstandesmäßig – abstrakt kognitiv – und ist damit noch im *Eingangs-Stadium* der Krisenverarbeitung stehen geblieben. Sein Sohn war aber bereits im *Durchgangs-Stadium.* Tief verletzt wandte er sich in seiner verzweifelten *Aggression* (3. Spiralphase) an seine Eltern, die aber – unwissend hilflos – nur »billigen« Trost spenden, ihn abspeisen, eben nur ›ver‹-trösten. David hat also keinen *Verhandlungs*-Partner (4. Spiralphase) und stürzt sich sofort in die *Depression* (5. Spiralphase: »alles ist sinnlos«) und prakti-

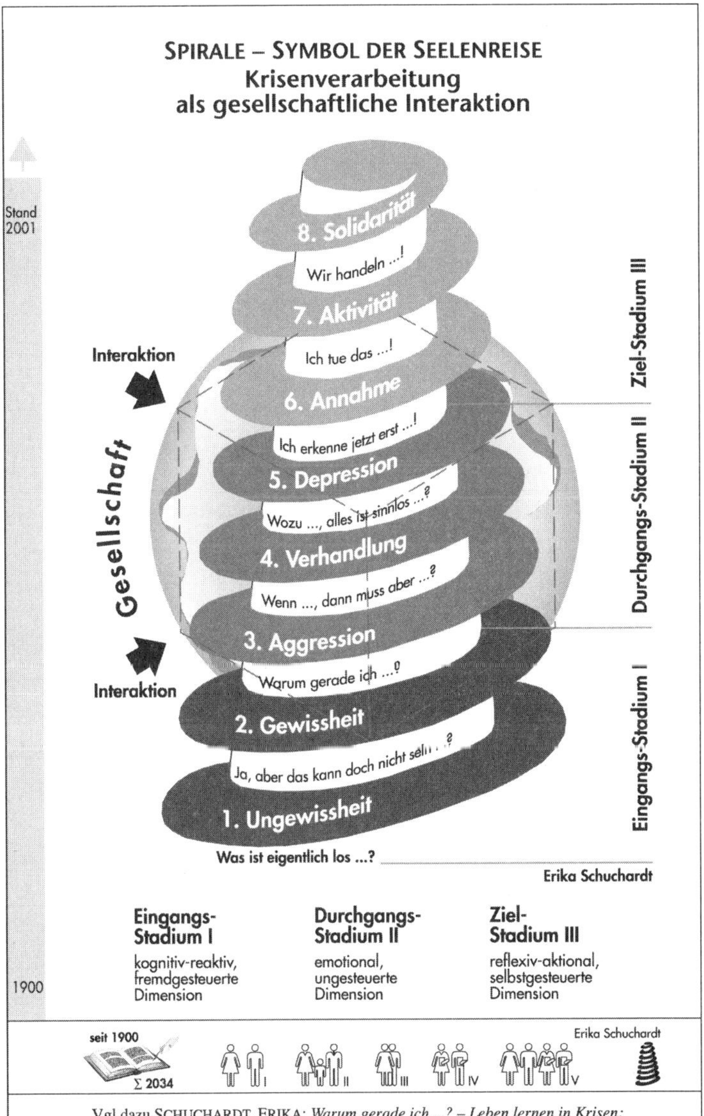

Vgl dazu SCHUCHARDT, ERIKA: *Warum gerade ich ...? – Leben lernen in Krisen;*
Fazit aus Lebensgeschichten eines Jahrhunderts; mit Bibliografie der über 2000 Lebensgeschichten;
ausgezeichnet mit dem Literaturpreis*;* übersetzt in mehrere Sprachen;
Jubiläumsausg., 11. überarb. u. erw. Aufl. Göttingen, Vandenhoeck & Ruprecht 2002.

ziert aus Unverstandensein und Isolierung seinen Selbstmord. David aber hätte sich durch die für ihn kritischen Phasen im emotional ungesteuerten *Durchgangs-Stadium* hindurchwinden und zur *Annahme* (6. Spiralphase) im *Ziel-Stadium* finden können, wenn der Vater in seinem Schmerz bei ihm geblieben wäre.

Hätte der Vater lieber schweigend seinen Jungen in den Arm genommen, um ihn spüren zu lassen: »So tief bist du verletzt, so unerträglich tut es weh. Ich weiß, wie es dir geht. Weine dich bei mir aus. Ich werde dich so lange festhalten, bis deine Tränen ausgeweint sind!«

Während sich David in der Hölle des emotional aufgewühlten *Durchgangs-Stadiums* quälte, tröstete ihn sein Vater auf der Ebene des *Ziel-Stadiums*. Als hätte David seinen Verlust schon hingenommen!

Warum konnte sich der Vater nicht in die Lage seines Sohnes versetzen, um ihn aufzufangen? Ich habe keinen Zweifel daran, dass er nie einen vergleichbaren Liebesschmerz erlitten hat. Vielleicht hat er zunächst zwanzig Mädchen geliebt und dann die große Liebe gefunden und geheiratet, mit der er bis heute lebt?

Erika Schuchardt meint dazu: »Der Vater hätte mit David zusammen die Ausweglosigkeit aushalten und ihm zuhören müssen, statt schmerzhafte Rat-›Schläge‹ zu erteilen, *neben* ihm stehen bleiben und zutiefst darauf vertrauend, dass David *selbst* seine Antwort findet und neue Wege wagt. Das bedeutet für Helfende die nicht leichte Begleitungs-Aufgabe – vergleichbar der Musik –, nicht das Solo, sondern den zweiten Part wahrzunehmen:

- *zuhörend neben*, nicht vor oder hinter dem anderen gehend,
- *erspürend*, wann Mittel der Hilfe blockieren, wann sie ermutigen und wann sie verletzen,
- *vertrauend*, dass Gott auch dann zugreift und hilft, wenn niemand sonst einen Ausweg weiß,
- *hoffend* und *glaubend*, dass in der Schwäche für beide Beteiligte neue Kraft erfahrbar wird.«

»Sofern das, was Sie mir sagen möchten, für Kinderohren geeignet ist, lassen wir Ihr Kind gerne dabei«, sage ich der Familie beim Empfang. »Sie kommen sowieso wegen ihm, oder?« Im Unterschied zu vielen meiner Kollegen lasse ich die Kinder gerne an dem ersten Vorstellungsgespräch teilnehmen. Das Kind weiß, mindestens ahnt es sowieso, dass die Eltern wegen ihm zu mir gekommen sind. Meine Eltern waren wegen mir zwar bei keiner psychologischen Beratung gewesen, so dass ich die Erfahrung nicht selbst machen konnte, wie es ist, wenn man als Kind hinter der Tür der Beratungspraxis wartet. Einige Male aber habe ich als Kind mitbekommen, wie sich meine Mutter in meiner Abwesenheit kritisch über mich äußerte. Bis heute tut mir dies weh.

Und ich kenne ein vergleichbares Leiden aus meinem Leben in der ehemaligen Tschechoslowakei. Solange hier die kommunistische Diktatur herrschte, wurde jeder Bürger von der Geheimen Staatspolizei bespitzelt und hinter seinem Rücken wurden unzählige Gespräche geführt, die auf sein Beurteilen und Verurteilen ausgerichtet waren. Wenn ich mich an diese Zeiten erinnere, spüre ich die Angst vor geheimen Informationssammlungen immer noch im Nacken. Daher möchte ich diese Erfahrung niemandem zumuten. Der Mensch hat ein Recht, offen zu erfahren, wie es seinen Mitmenschen mit ihm geht und er hat auch das Recht, den Mitmenschen mitzuteilen, wie es ihm mit ihnen geht. Dieses Recht zur offenen Konfrontation muss jedem Menschen zugestanden werden, unabhängig davon, ob er erwachsen oder noch ein Kind ist. Wichtig dabei ist jedoch, Rücksicht auf die jeweiligen Verarbeitungsmöglichkeiten zu nehmen.

»Sobald Sie merken, dass das Thema ausschließlich für Erwachsene ist, machen Sie mich darauf aufmerksam«, bitte ich die Eltern. »Ansonsten freue ich mich, dass Ihr Kind bei uns bleibt und dass ich es und Ihren Umgang mit ihm kennen lernen kann.« Der achtjährige Florian hat keine Lust, mit uns an einem Tisch zu sitzen.

»Ich weiß es doch, was meine Mama über mich sagen will«, presst er heraus und nimmt gerne mein Angebot an, sich in meinem Zimmer nach Spielzeug oder Büchern umzuschauen, damit er sich nicht langweilen muss.

»Tja, wo soll ich denn beginnen? Florian ist extrem unruhig, hyperaktiv, wie man es heute nennt«, legt die Mama los. »Er hört nicht, wenn man ihn ruft. Er bleibt am Esstisch nicht sitzen und von seinen Hausaufgaben springt er andauernd weg.«

Auf meine Frage, wann es mit der Unruhe begonnen hat, erfahre ich, dass Florian erst in den letzten zwei Jahren auffällig wurde. Bis dahin war er ein ziemlich angenehmer Junge gewesen.

»Jetzt würde er sich am liebsten nur mit seinen Computerspielen unterhalten. Genauso wie sein Papa.«

»Hör auf, mir die Schuld für dein Versagen anzukreiden«, wehrt sich der Papa mit einer leicht erhöhten Stimme. »Nach meiner Arbeit habe ich ein Recht auf Entspannung. Der eine macht es mit Musik, du mit Telefonieren und ich mit dem Computer. Du bist zu Hause und du hast unser Kind zu erziehen.«

Hier merke ich, dass die Eheproblematik im Vordergrund steht und dass wir damit das Kind nicht belasten sollten. Ich versuche, dies den Eltern anzudeuten. Leider bin ich nicht energisch genug, so dass die Mutter mich außer Acht lässt und ihren Mann weiter ausschimpft. Unterschwellig wird bei mir der Gedanke wach, dass Florian solche Streitigkeiten in- und auswendig kennt und dass dies nichts Neues für ihn ist.

»Du, du, du«, erhöht nun auch die Mama ihre Stimme. »Alles liegt an mir. Ich soll nur Hausfrau sein. Jetzt aber sage ich dir etwas ...«

Ich beobachte den Jungen und merke, wie er unruhiger wird. Das bereits aufgebaute Häuschen beschießt er mit Legosteinen.

»Die Zeiten sind vorbei, mein Lieber. Ich gehe wieder zurück in den Beruf. Hätte ich gewusst, was für ein miserabler Vater du bist, dann wäre ich lieber kinderlos geblieben. Und das schwöre ich dir: Du machst mir kein weiteres Kind mehr«, schießt es aus der Mutter wie aus einer Kanone. Sie hört mein »Stopp, bitte« nicht. Sie schaut mich nicht an, so dass ich sie mit meiner bittenden, warnenden Grimasse nicht erreichen kann.

Der Junge baut das Häuschen wieder auf. Diesmal stellt er auch einige Playmobilfiguren dazu. Einen Mann, eine Frau und zwei Kinder.

»Sollte ich nochmals schwanger werden, so lasse ich das Kind wieder wegmachen. Genauso wie ich es im Herbst getan habe.«

Das Häuschen wird wieder unter Beschuss genommen. Und jetzt nicht nur das Häuschen. Auch die Menschen. Als erste fallen die Kinder um. Dann der Vater. Die umgekippte Mutter packt der Junge mit der Hand und schlägt mit ihr wie mit einem Klotz auf die Tischkante. Mit einer heftigen Bewegung schmeißt er die ganze Szene in die Spielkiste hinein. Ausgelöschtes Leben. Der totale Untergang. Das Ende der Welt.

Auch in der Seele des Kindes ist etwas kaputtgegangen. Ein irreparabler Schaden. Rückgängig kann man ihn nicht machen. Jetzt ist es zu spät, den Jungen zu verschonen. Hätte ich ahnen können, dass in den wenigen Minuten so viel Schaden entstehen kann? Ich fühle mich schuldig.

»Bekommt er diese Informationen zum ersten Mal?«, frage ich noch etwas durch die Blume.

»Ah wo!«, gibt mir der Vater zur Antwort. Bitter wie Wermut klingt seine Stimme. »So wie jetzt beschimpft sie mich überall, egal wer dabei ist. Sie tut es sogar mit Vorliebe vor meiner Mutter und vor unserem Kind.«

Ich sehe ein, die Beratung für das Kind ist zweitrangig. Vielmehr brauchen die Eltern, vor allem die Mutter, die Beratung. Also schicke ich Florian in den Nebenraum. »Dort habe ich eine Tafel und Farbkreiden. Du kannst malen, was du willst.«

Grundthema unseres Gesprächs ist die Einfühlung. Denken sich die Eltern in den Jungen hinein, um zu wissen, was er denkt, wenn er ihren Streit hört? Zwangsläufig muss sich das Kind für das Unglück der Eltern schuldig fühlen. Wegen ihm entstand doch der Streit. Wegen ihm sind sie zur Beratung gekommen. Wissen die Eltern überhaupt, dass ein Kind in Florians Alter, ja sogar auch noch später, alles auf dieser Welt auf sich selbst bezieht? Dass es überzeugt ist, dass die Sonne sich wegen ihm hinter der Wolke versteckt und nach der gleichen kindlichen Logik es davon überzeugt ist, dass auch der Elternstreit seinetwegen ausbrach?

»Können Sie sich noch an die eigene Kindheit erinnern, wo es Ihnen ähnlich erging?«

O ja, die Mutter erinnert sich sehr lebendig daran, wie unheimlich mitschuldig sie sich fühlte, als ihr Vater ihre Mutter schlug. Als hätte sie die Schläge selber verdient. Um einige davon abzufangen, stellte sie sich zwischen die beiden. Was fühlte sie in Bezug auf den Vater und auf die Mutter? Der Mutter hielt sie die Stange, sie wollte sie beschützen, selbst wenn es sie das Leben gekostet hätte. Den Vater hasste sie wie die Pest. Jetzt also überträgt sie den Hass auf ihren Mann. Was hat sie damals in ihrem kindlichen Herzen davon abgeleitet?

»Die armen Frauen! Alle Männer sind gleich mies.«

Indem ich ihre immer noch schmerzhafte Selbstwahrnehmung wachrufe, fängt die Mutter an zu verstehen. Ähnlich wie sie schlägt sich auch Florian auf die Seite des Schwächeren, hält ihm die Stange und hasst den Angreifer. Wen Florian für den Angreifer hält, darüber hat seine Mutter keinen Zweifel. Sie hat sich darüber nie Gedanken gemacht, dass sich auch der kleine Mann Florian mies fühlen muss, wenn nach ihrer Behauptung alle Männer mies sind und dass er deshalb so etwas wie einen Solidaritätspakt mit den miesen Männern schließen muss. Und welches Bild der Mutter entsteht in seinem Herzen, wenn er weiß, dass sie seine noch ungeborenen Geschwister töten lässt?

»Das Bild einer Mörderin.«

Für den Alltag heißt das: Der Junge muss gegen die mörderische Mutter kämpfen, um seinen Vater und seine Geschwister zu rächen. Er kann nicht in sich ruhen. Er kann sich weder auf seine Spiele noch auf das schulische Lernen richtig konzentrieren. Seine ganze Aufmerksamkeit braucht er für den Ausnahmezustand. Es herrscht Krieg.

Hätte sich die Mutter rechtzeitig in das Denken ihres Sohnes versetzt, hätte sie ihn aus Rücksicht auf seine verletzbare Seele vor dem elterlichen Streit verschont. Die Erwachsenen sollten doch wissen, dass sie andere Verarbeitungsmöglichkeiten als das Kind haben. Der Erwachsene kann eine Lösung finden, beispielsweise kann er einen neuen Ehepartner per Annonce finden. Dagegen ist das Kind hilflos seinen Lebensbedingungen ausgesetzt. Auf keinen Fall kann es annoncieren, dass es eine andere Mutter und (oder) einen anderen Vater möchte. Aus diesem Wissen um die Verwundbarkeit des Kindes müssen die Erwachsenen ihre Probleme untereinander selbst lösen und das Kind schonen. Warum weiß diese Mutter das nicht? Warum kann sie sich nicht in ihr Kind einfühlen? Weil auch sie in ihrem Kindesalter keine Einfühlung seitens ihrer Eltern genossen hat. So nimmt die Verrohung des Einfühlungsvermögens von Generation zu Generation zu. Was man nicht bekommen hat, kann man auch nicht weitergeben. Wie wird sich Florian einmal als Vater in seine Kinder einfühlen können? Vielleicht wird er Glück haben und findet eine Frau, die seine Einfühlung vermisst und ihm diese aus Liebe beibringt. Dies ist jedoch kein spontaner, durch natürliche Entwicklung bedingter Weg mehr, sondern der außerordentliche Weg der Gnade.

Aber vielleicht schafft das auch die Mutter von Florian noch, vorausgesetzt, sie erkennt, dass die Liebe ohne die Einfühlung keine Chance hat. Sie fühlt sich von ihrem Kind nicht geliebt und das tut ihr weh. Nun versteht sie, warum die Liebe untergeht. Je schmerzhafter die Erkenntnis der gestörten Mutter-Kind-Beziehung heute ist, umso bewusster fordert sie zur Erneuerung der Liebe heraus. Die heutige schockierende Erfahrung kann heilsam sein.

Aus der Spielkiste hole ich die Mutterfigur heraus.

»Diese Frau hat Florian weggeworfen.«

Tränen tropfen auf den geröteten Wangen der Mutter herunter.

Nun hole ich auch die Vaterfigur heraus.

»Ihn hat Florian ebenfalls weggeschmissen.«

Auch der Vater kann seine Tränen schwer verbergen. Trotzdem schone ich ihn nicht und lege meinen Finger in die Wunde.

»Übrigens, wie fühlen Sie sich, wenn Ihre Frau Sie in Florians und meiner Gegenwart ausschimpft, wie sie es bereits getan hat?« Eigentlich gehört diese Frage gar nicht in meinen Mund. Die Frau sollte ihn selbst fragen, meine ich und fordere sie dazu auf:

»Schauen Sie Ihren Mann an und fragen Sie ihn selber.«

Mit traurigen Augen, in denen die Tränen noch nicht getrocknet sind, schaut sie ihn an. Auch in ihrer Stimme sind ihre Tränen zu hören, als sie ihn fragt:

»Wie fühlst du dich, wenn ich dich ausschimpfe?«

»Traurig. Schwach. Entmannt. Als wärst du meine Mutter, die mich stets getadelt hat. Dass sie mein Selbstvertrauen kaputtmachte, hat sie gar nicht bemerkt.«

Ich fordere sie auf, ihm eine Rückmeldung zu geben, ob und wie sie ihn verstanden hat.

»Stimmt es wirklich, dass ich dich an deine Mutter erinnere? Und dass du dich zurückziehst, als wärst du mein Kind und nicht mein Mann? Ich will dich aber als meinen Mann wissen!«

Jetzt ist also der Groschen gefallen. Zwei betroffene Kinder haben geheiratet. Wie können diese Kinder ein erwachsenes Paar bilden und Eltern sein? Ich weiß, mit meiner Hilfe muss ich bei diesen klein gebliebenen Großen beginnen. Sie sollen untereinander aufholen, was sie als Kinder von ihren Eltern nicht bekommen haben: den Mut, sich von Antlitz zu Antlitz zu konfrontieren, um sich gegenseitig einfühlen und verstehen zu können und sich trotz aller geäußerten Vorbehalte geliebt zu wissen.

Die zwei Figuren schließe ich in meiner Hand zusammen.

»Betrachten Sie dieses Bild als praktische Anweisung.«

Sie tun es. Während sie sich noch in den Armen halten, stürmt Florian uneingeladen ins Zimmer. Mit seinem siebten Sinn spürt er offensichtlich eine große Bewegung in der emotionalen Atmosphäre. Genauso, wie er jahrelang die Spannungen spürte, ahnt er nun, ja er weiß es geradezu, dass jetzt die Liebe fließt. Er setzt sich erst auf den Schoß der Mutter, dann des Vaters und kuschelt sich glücklich an sie.

Überlastetes Personal im Altenheim

Hier fällt der Mangel an Einfühlung und Rücksicht am meisten auf. Die Schwächsten, die Verlassensten, die sich nicht einmal an einen Anwalt wenden können, die im Falle einer Beschwerde nicht ernst genommen werden, werden zum Maßstab für die Nächstenliebe. Zum Lackmuspapier in der Verbindung. Es finden sich hier hervorragende, feinfühlige Helfer, die den Beruf des Altenpflegers als Berufung gewählt haben.

Doch nicht alle der hier Arbeitenden empfinden so. Der Gedanke daran, die letzten Jahre im Altenpflegeheim verbringen zu müssen, bedrückt mich sehr, wenn ich solche Berichte wie den folgenden aus dem Munde einer 84-jährigen Frau höre:

»Nur eine einzige Pflegerin von allen ist hilfsbereit und lieb. Meist arbeitet sie im Nachtdienst. Sie kommt mir vor, als wäre sie ein einsamer Leuchtturm im Dunkeln. Von allen anderen Pflegerinnen und Pflegern fühle ich mich zu einem Gegenstand abgestempelt, den man nicht gerne in die Hand nimmt. Aber ich brauche die pflegenden Hände, weil ich nach wiederholten Hirnschlägen gelähmt bin. Das Waschen, Abtrocknen und Einreiben geht wie an einem Fließband. Kaum jemand schaut mir ins Gesicht. Angesprochen werde ich mit »Hallo, Sie« oder »Oma«, niemand nennt mich mit meinem Namen. Den Namen habe ich hier schon verloren. Ich bin zu einer namenlosen Oma geworden. Vor dem Waschen wird mir mein Nachthemd ausgezogen und ich muss unendlich lange ganz nackig auf meinem Bett liegen, bis ich an die Reihe komme. Es ist mir peinlich, ich schäme mich. Aber niemand merkt es. Alle Pfleger klagen, dass sie zu wenig Zeit für ihre Aufgaben haben. Ich meine, die Behandlung kann man in der gleichen Zeitspanne auch mit Freundlichkeit machen. Laut kann ich es aber nicht sagen, sonst falle ich ganz in Ungnade, wie auch meine Nachbarin in Ungnade gefallen ist. Seitdem sie versuchte zu sagen, womit sie unzufrieden ist, bekam sie die Rache des Pflegepersonals als Antwort zu spüren. Obwohl sie nicht selbstständig aus der Tasse trinken kann, geschweige denn sich die Tasse vom Nachttisch holen kann, wird ihr die Tasse auf den Nachttisch gestellt. So steht das Getränk da, aber sie kann es nicht erreichen. Ich würde ihr so gerne helfen, aber wegen meiner Lähmung schaffe ich es auch nicht. Von Glück kann man sprechen, wenn an dem Tag ein Besuch kommt und meiner Nachbarin hilft.«

Nachbarschaftshilfe

Ich kann mich glücklich schätzen, denn ich muss mich weder nach einem eigenen Haus noch nach einem Altersheim umsehen. Georg und Lilo Lang mit ihrer Tochter Birgit, meine Hausherren, haben mich sozusagen als Tante oder Oma adoptiert und verwöhnen mich regelrecht. Sie sind äußerst liebe, hilfsbereite und feinfühlige Menschen. Ich fange noch nicht einmal zu piepsen an, schon wird es getan. Ich brauche meine Wünsche nicht einmal auszusprechen, denn sie werden von meinen Lippen abgelesen. Wenn ich vor lauter Schreiben vergesse, die Wäsche von der Leine im Garten abzuhängen, und merke nicht, dass ein Gewitter kommt, so tut es Lilo für mich, denn sie weiß, dass ich mit dem Schreiben des termingebundenen Artikels unter Zeitdruck bin. Meine sämtlichen in böhmisch-deutsch geschriebenen Artikel und Bücher gehen durch Birgits Korrektur. Sie weigert sich, dafür Geld anzunehmen. Sie mache es gerne, sagt sie. Und wenn ich einmal zum Bahnhof muss, so bietet sich Georg, mein Hausherr, mit dem Zubringerdienst sofort an. Manchmal erscheint es mir viel zu viel des Guten, wenn er mich beispielsweise zum entfernteren Flughafen bringt, und dann bemühe ich mich natürlich um einen besonderen Ausgleich. Eine Einladung zum Mittagessen bereitet dann ihm und seiner Familie wie auch mir ein großes Vergnügen. Dabei ist hier keine sachliche Strebung nach Ausgleich zwischen Soll und Haben im Spiel, denn niemand berechnet es. Niemand fragt, was bekomme ich oder was bekommst du dafür. Wir tun es aus einer gemeinsamen Freude am Geben und Nehmen und aus stetem freundschaftlichen Entgegenkommen.

Als mich Georg unlängst zum Bahnhof fuhr, erzählte ich ihm neben einigen anderen unwesentlichen Dingen auch, dass ich wegen einer kleinen Störung der Klimaanlage zum Kundendienst gehen müsse. Aus Zeitdruck und wegen meines vollen Terminkalenders sei ich aber nicht dazu gekommen, außerdem traue ich mich sowieso nicht beim Kundendienst zu erscheinen, weil mein Auto von außen wie von innen sehr verdreckt ist. Während des von meiner Seite aus unverbindlichen Plauderns fiel mir ein, dass Georg diese Informationen sofort verbindlich aufnehmen und sich angesprochen fühlen würde, mein Auto zu waschen. Hätte ich mich rechtzeitig in ihn eingefühlt, dann hätte ich lieber geschwiegen. »Bitte, Georg, meine ja nicht, dass ich es erwähne, damit du es machst. Bitte tue es nicht!« Es ist aber zu spät. Georg hört meine Ausreden nicht mehr. Als ich zurückkomme, sehe ich mein Auto blitzblank sauber in meiner Garage stehen. »Georg, ich habe mein verdrecktes Auto nicht deshalb erwähnt, um dich für das Waschen anzuwerben.«

»Ich weiß, dass du es so nicht meintest. Deshalb habe ich es auch getan. Wenn ich bei einer anderen Nachbarin einen Hauch von Berechnung spüre, dann tue ich es in der Regel eben nicht.«

Wie leicht könnte die Einfühlung ausgenützt werden! Wenn zwei das Gleiche tun, so ist es noch nicht das Gleiche.

Die dunkle Seite der Einfühlung

»Wie die Gezeiten das Kommen und das Gehen des Ozeans steuern, brandet in uns die Macht der Einfühlung ... Das Paradox der Empathie besteht darin, dass diese angeborene Fähigkeit sowohl in hilfsbereiter als auch in verletzender Absicht eingesetzt werden kann. Wie die Meeresströmungen kann die Einfühlung in einem Moment beruhigend, im nächsten jedoch zutiefst verstörend wirken«, sagt Ciaramicoli in seinem Buch über die Empathie. Er beruft sich auf Kohuts Analysen der destruktiven Empathie, so wie sie von unseriösen Verkäufern ausgenutzt werden kann und dem Sadismus bei den Nazis zu Grunde lag.

Zunächst zu den Verkäufern. Nicht jeder von ihnen schmeichelt sich ein, um den Kunden zu überlisten. Ich möchte fast wetten, dass die meisten es mit den Kunden ehrlich meinen. In diesem ehrlichen Sinne werden die Verkäufer auch geschult, wie sie den Kunden gewinnen. Darüber hinaus gibt es in der Welt, vor allem im Orient, Verkäufer, die sich der Einfühlung spielerisch bedienen und sich riesig freuen, wenn auch der potenzielle Kunde auf das Spielchen eingeht und zu verhandeln beginnt.

»Oh, Sie sind auf den ersten Blick ein Weltmensch. Sie kennen sich aus. Ich merke, Sie können den Wert dieses wunderschönen Teppichs richtig einschätzen.«

»Sie irren sich nicht. Ja, ich kenne mich aus. Das Problem ist, dass ich nicht so viel Geld bei mir habe. Jedoch sehe ich, dass Sie ein großartiger Geschäftsmann und bereit sind, etwas mit dem Preis herunterzugehen. Sagen wir vielleicht zehn Prozent?«

»Den Gefallen würde ich Ihnen gerne tun, aber zehn Prozent ist doch zu viel. Vielleicht acht Prozent? Haben Sie bitte Verständnis dafür, denn wegen der Steuer sind wir, die kleinen Händler, ganz, ganz schlimm dran ...«

Ein wahrer Genuss! Ein stetes Lesen im Gesicht des Gegenübers. Die Worte sind eigentlich nur eine Begleitung zu diesem mimischen Spiel. Einmal habe ich es pantomimisch probiert, so, als wäre ich taubstumm. Eine ganze Viertelstunde dauerte das Verhandlungsspiel mit dem persischen Souvenirverkäufer. Letzten Endes habe ich nur ein billiges Ding gekauft, das billigste aus dem Laden. Der Verkäufer kühlte deshalb nicht ab, sondern strahlte über das geglückte Happyend. Das Erstaunlichste dabei war, dass er mit seiner geübten Einfühlungsfähigkeit sofort auf meine Körpersprache umgestiegen ist und so gut wie kein Wort benutzte.

Allerdings gibt es unter Verkäufern auch Pfiffikusse. So wurde ich unlängst Zeugin der folgenden Szene in einem Modegeschäft. Eine mollige Frau schaut sich von vorne und von der Seite im Spiegel an, ob ihr das Kleid steht. Das Kleid kenne ich von meinem regelmäßigen Vorbeigehen an diesem Laden. Schon das zweite Jahr ist es hier zu finden, mal im Schaufenster, mal an der Türe hängend. Jetzt ist es für einen nochmals reduzierten Sonderpreis zu haben. Der Frau passt das Kleid zwar von vorne, aber von hinten ist es eine reine Katastrophe.

»Sie sehen wunderbar aus, gnädige Frau. Die blaue Farbe passt einmalig zu Ihren Augen. Ein ganz vorteilhafter Schnitt für Sie. Es macht Sie schlank«, lügt die Verkäuferin wie gedruckt. Mein Gewissen lässt mich nicht in Ruhe und ich empfehle der Frau, sich vorsichtshalber auch von hinten anzuschauen. Ich werde aber nicht wahrgenommen. Die Ladenbesitzerin ist in ihrem Redeschwall viel lauter als ich. Und die mollige Frau hört lieber nicht auf mich. Sie ist ganz benommen davon, wie toll sie aussieht.

Jeder von uns kennt diese Art von Menschen, die professionellerweise den anderen mit Nachdruck gewinnen möchten. Vertreter von Sekten, von Staubsaugern, von Reinigungsmitteln, die von Haus zu Haus gehen. Die einen setzen die Ängste vor der ewigen Verdammung ein, um den Menschen für die Sekte zu gewinnen. Die anderen verpassen der Hausfrau an der Tür ein schlechtes Gewissen, indem sie auf ihre liederlich geputzte Treppe aufmerksam machen und an einem Stückchen Treppe praktisch demonstrieren, wie sie sich mit diesem einmaligen Reinigungsmittel als gute Hausfrau wohl fühlen kann.

Aus meiner in Mähren verbrachten Kindheit steigt ein Bild in mir auf. Eine Zigeunerin, umgeben von einem Haufen kleiner Kinder, geht bettelnd von Haus zu Haus. Die Kinder weinen herzzerreißend. Das Jüngste auf dem Arm seiner Mutter streckt, sobald sie an der Haustür erscheinen, meiner Mutter seine Arme entgegen. »Meine Kinder haben Hunger. Gnädige Frau, Sie sind doch selber Mutter, Sie haben ein Herz für Kinder. Bitte, erbarmen Sie sich! Geben Sie uns bitte, bitte, bitte etwas Geld für Brot!«, fleht die Zigeunerin meine Mutter an. Meine gütige Mutter hatte immer Erbarmen. Bis sie zufälligerweise sah, wie die Zigeunerin ihre Kinder schlug, bevor sie an unserer Türe klingelte. Je kräftiger sie zuschlug, umso lauter weinten die Kinder und erweichten das Herz meiner Mutter. Als Letztes kam das Kleinste an die Reihe. Natürlich strebte es dem erscheinenden Retter entgegen. Die Zigeunerin hatte ein ausgesprochen geübtes Fingerspitzengefühl für das soziale Empfinden der Menschen, bei denen sie bettelte. In ihre Kinder fühlt sie sich allerdings auch hinein. Auf irgendeine Weise zeigt sie ihnen auch das Gute auf. Die Kinder können sich auf ihre treue Nähe verlassen, sie fühlen sich bei ihr geborgen. Trotz seiner Versuche, sich von der Mutter abzuwenden, wird dem kleinen Kind nicht gestattet, in die Arme der fremden Frau, bei der gebettelt wird, zu flüchten. Bei aller Grausamkeit wird die Zigeunerin von ihren Kindern sehr geliebt und die ganze Sippe hält außergewöhnlich zusammen. Es steht mir kein Urteil zu, inwieweit dieses Handeln ethisch ist. Der Psychologe wird vielleicht an eine Identifikation mit dem Aggressor denken. Ich beschränke mich auf die Feststellung, dass jede ethnische Gruppe ihr besonderes Gewissen hat, das über die Ordnungen der Liebe (Hellinger) bestimmt.

Was im Mikrokosmos wirkt, geschieht auch im Makrokosmos. Jeder Krieg zwischen Völkern wurde immer emotional begründet. Um zum Krieg zu motivieren, fühlen sich die Kriegsstifter in die Gefühlslage der Bevölkerung ein und bauen ihre Kriegspropaganda darauf auf. Im Zweiten Weltkrieg war es die Angst vor der roten Gefahr sowie die Hoffnung auf eine Reduzierung der Arbeitslosigkeit. Und bei den religiösen Kriegen erfolgt die Agitation über die Treue gegenüber den heiligen Prinzipien.

Inwieweit die Einfühlung in ihren dunklen Pol umkippt, darüber entscheidet die Absicht. Kennzeichnend für die dunkle Seite der Einfühlung ist, dass sie auf eine raffinierte, intrigante, manipulierende und unechte Weise echte Gefühle bei dem Opfer auslöst, um daraus eigenen Nutzen zu schlagen. Dies gilt für die ganze Spannbreite, angefangen bei den Straßenverkäufern über die Sektenvertreter, Heiler, Politiker, Geheimagenten und Heiratsschwindler bis hin zu den Rächern. Die zielgerichtete Absicht reicht vom Verkauf eines suspekten Putzmittels bis hin zu Seelenmord und Tötung. Genauso breit ist auch das Repertoire der intriganten Mittel. So benutzte Salome ihre Einfühlung in die inzestuöse Sehnsucht ihres Vaters Herodes nach ihr, um den hingerichteten Kopf von Johannes dem Täufer zu bekommen. Shakespeare stellte dar, mit welcher List Jago seinen Herrn Othello in die totale Selbstvernichtung führte: Unter dem Deckmantel der Treue unterbreitete er ihm gefälschte Informationen über Desdemonas Untreue. Er rechnete mit Othellos grenzenloser Liebe zu Desdemona sowie mit seinem kompromisslosen Denken und mit seiner leidenschaftlichen, stürmischen Tatkraft, die ihn, durch die Eifersucht entzündet, in die verzweifelte Tötung stürzte. Dem Intriganten gelang die Rache.

Bekanntlicherweise bedienen sich auch die Geheimdienste der diktatorischen Systeme der dunklen Seite der Einfühlung, um ein Geständnis zu erpressen. Die geliebte Frau des Verhörten wird im Nebenzimmer gefoltert, damit er aus einfühlsamer Liebe zu ihr und aus Rücksicht auf sie lieber seine Untergrundkameraden verrät als die Frau, die er über alles liebt. Ich brauche dabei nicht in die ferne Vergangenheit der Nazis zu gehen; meine Erinnerungen an die Herrschaft der Kommunisten sind viel frischer und noch bitterlich wahrnehmbar. Den politischen Sträflingen, die ursprünglich heldenhafte Kämpfer für die Demokratie waren, hat man das Rückgrat gebrochen, indem man sie zur Zusammenarbeit mit der GPU (Geheime Staatspolizei), der Stasi, der Stb (tschechischer Staatssicherheitsdienst) oder wie auch immer diese Geheimdienste im europäischen Ostblock sonst noch geheißen haben, gezwungen hat. Das Grundthema mit Variationen war, den verhafteten Helden auf die Knie zu bringen, indem man an sein Mitgefühl gegenüber seinem leidenden Nächsten appellierte. »Deine Kinder brauchen dich. Schau mal, was sie dir schreiben: ›Papa, bitte komm bald zurück!‹ Lies nur, was deine Frau schreibt: ›Ich halte es ohne dich nicht aus. Du weißt das doch. Bitte, tu alles dafür, dass du bald zurückkommst.‹« Es gehörte zur Taktik, zunächst einen bösen, quälenden Verhörer einzusetzen. Nachdem der Häftling blutig und blau zusammengeschlagen war, durstig und frierend auf dem Boden der Einzelhaftzelle lag, besuchte ihn ein äußerst lieb und verständnisvoll wirkender Verhörer. Er erweckte den Anschein, als würde er sich in den Gefangenen einfühlen. Er zeigte Mitleid mit ihm und bedauerte, dass seine Mitarbeiter sich so brutal an diesem Häftling vergangen haben. Ihm gelang es spielend, das Opfer quasi mit der »Angel der Einfühlung« für das Vorhaben des Geheimdienstes einzufangen.

Warum mich die kommunistische Machtausübung mehr erschreckt als die nazistische, liegt auf der Hand. Zu Hitlers Zeiten war ich noch ein Kind, während ich in Stalins System als leidende Erwachsene mit einbezogen war. Einige Erinnerungen an meine Kollegen: Jaroslav wurde eine Stunde vor seiner Hochzeit verhaftet. Im Hochzeitsanzug, mit Myrte im Knopfloch. »Du hast zwei Möglichkeiten, eine dritte gibt es nicht«, eröffnet ihm der Stasi-Mann die Lage. »Entweder unterschreibst du oder du sitzt so lange, bis du schwarz wirst. Wir haben genug Material gegen dich. Die Flugblätteraktion wiegt am schwersten«, blättert der Stasi-Mann in seinem dicken Ordner. »Denk an deine Frau, die von dir schwanger ist, denk an deine Eltern, die auf dich warten ...« Jaroslav denkt sowieso an seine Nächsten. Seine Frau wartet auf ihn in einem weißen Kleid, das ihr Bäuchlein verhüllt, in dem Kleid, das er zu dieser Stunde zum ersten Mal hätte anschauen dürfen. Vielleicht ist sie schon ungeduldig, Jaroslav schaut seine Armbanduhr an. Zu dieser Zeit schenkt sein Vater den angereisten Gästen Sliwowitz ein. Noch ist er sorglos. Aber seine Mutter wird schon ungeduldig. Wo steckt der Bub bloß? So lange hat sie sich auf diesen Tag gefreut! Noch in aller Ruhe stapelt sie die Hochzeitsküchlein auf den Teller. Aber welch ein Schmerz, welch eine Panik bricht bei ihr aus, wenn er nicht erscheint! Und vielleicht werden seine Nächsten lange nicht erfahren, wo er eigentlich steckt. Sie werden nicht ahnen, dass er im Gefängnis ist. Er sei abgehauen, wird seine Braut denken. Er habe sie mit dem Kind unter ihrem Herzen verlassen. Es war absolut nicht notwendig, Jaroslav zu schlagen, um ihn zur Zusammenarbeit mit der Stasi zu bewegen. Die seelischen Hiebe, angereichert mit der Einfühlung in seine Nächsten an einem besonders emotional bewegten Tag, wogen mehr als die körperlichen. Schnell unterschrieb er. So schnell, als möchte er seine Unterschrift gar nicht sehen. Die Trauung verspätete sich um keine Minute. Auf der Strecke blieb Jaroslavs Ehre. Er verlor seine Selbstachtung. Eine gebrochene Persönlichkeit für immer. Gehirnwäsche. Ein Sklave unter dem Joch des verhassten Herrn. Seelenmord. Nach vielen Jahren erzählte mir Jaroslav, dass er niemals unterschrieben hätte, wenn er die Verantwortung nur für sich selbst hätte tragen müssen. Durch die Flugblätteraktion riskierte er ganz bewusst seine Verhaftung und war bereit, sich bestrafen zu lassen. Nicht um seinetwegen, sondern aus Rücksicht auf seine Braut und seine Eltern habe er unterschrieben. Seine Rücksicht auf seine Geliebten habe der Geheimdienst schamlos ausgenützt. Er hört nicht auf, sich bis an das Ende seiner Tage dafür zu hassen.

Ich stelle mich nicht der Aufgabe, die seit jeher missbrauchte Einfühlung in politischen Zusammenhängen zu untersuchen. Die wenigen Beispiele reichen, um die vielfältigen Facetten und ihre Wirkungsweisen in Erinnerung zu rufen. Vielmehr möchte ich darauf hinweisen, wie die missbrauchte Einfühlung in der Dynamik des Familienlebens wirkt. Ich nehme an, dass diese Dynamik immer dichter wird. Je kleiner die Familie wird, umso mehr wird das Einzelkind oder das eine von zwei Kindern den Opfergang antreten. Das Grundrezept ist immer das gleiche: der rücksichtslose Appell an die Einfühlung des Opfers, um eigenen Nutzen daraus zu ziehen.

DAS KIND WIRD VON BEIDEN ELTERN FÜR IHRE ZWECKE MISSBRAUCHT

In diesem Fall geht es nicht um sexuellen Missbrauch, sondern um seelischen Missbrauch, der nicht weniger schädigend ist. Auch diese Geschichte zeigt, dass die Einfühlung für einen dunklen Zweck eingesetzt werden kann. Leider ist diese Geschichte keine Ausnahme. Wie wir bereits gesehen haben, gehört seit jeher das Wissen um die tiefen Gefühle des Menschen, den man gewinnen, beeinflussen und zu einem bestimmten Zwecke manipulieren möchte, zum Instrumentarium der Verführer und Intriganten. Ob von dieser dunklen Seite der Einfühlung heute häufiger Gebrauch gemacht wird als früher, wage ich nicht zu behaupten. Im Hinblick auf die immer gröbere Zerrüttung der Liebesbeziehungen innerhalb der Familie schließe ich es aber nicht aus.

Martina ist gerade zwanzig Jahre alt, als sie mir vorgestellt wird. Sie leidet unter Depressionen, tröstet sich mit Zigaretten, Süßigkeiten und Chips, ist mittlerweile fettsüchtig mit großer Neigung zur Bulimie. Ihre Selbstliebe und ihr Selbstvertrauen befinden sich auf dem Nullpunkt. Selbstmordgefährdet sei sie nicht. Noch nicht. Sie würde sich nie ihr Leben nehmen, solange ihre Eltern leben. Diesen Kummer könnte sie ihnen nicht antun, erzählt sie mir. Beide Eltern hängen an ihr. Zur Familie gehört zwar auch noch ihr jüngerer Bruder, der aber seine eigenen Wege gehe. Er sei schon immer ein egoistisches Nesthäkchen gewesen. Schon die Tatsache, dass Martina in die 200 Kilometer von zu Hause entfernte Universitätsstadt zog, um dort Medizin zu studieren, war für die Eltern zu viel. Die Mutter trinkt, spricht immer wieder von ihrem möglichen Selbstmord, und der Vater flüchtet sich immer mehr in sein

Architekturbüro oder ins Spielkasino. Wenn er zu Hause ist, dann surft er im Internet.

Der Verdacht liegt auf der Hand, dass Martina sich für ihre Eltern verantwortlich fühlt. Und da sie aufgrund ihres Studiums für sie nicht ausreichend sorgen kann, hat sie großes Mitleid mit ihnen. Sie kann nicht anders als traurig sein, ja sie fühlt sich sogar schuldig. Wie kann sie nur an ihre Ausbildung und an den Doktortitel denken, wenn sie ihre Eltern im Stich lässt? Um meine Vermutung abzusichern, stelle ich ihr noch ein paar Fragen:

»Wenn alle Möglichkeiten offen wären, wo würden Sie sich auf dieser Erde glücklich fühlen?«

»Eigentlich nirgendwo.«

»Und auf welchem Platz fühlen Sie noch am ehesten, dass Ihr Leben eine Berechtigung besitzt?«

Sie überlegt kurz, dann antwortet sie mit absoluter Entschiedenheit:

»Zu Hause bei meinen Eltern.«

So ist es also. Als Martina sich traute, aufgrund ihres hervorragenden Notendurchschnitts in die Universitätsstadt zu ziehen, verlor sie die Berechtigung dafür, ihr eigenes Leben zu leben. Wenn sie sich nicht verpflichtet fühlen würde, für ihre Eltern zu leben, würde sie ihr Leben aufgeben. Ein echtes Helfersyndrom. Da sie wegen ihres Studiums ihr Helfen aufgeben musste, zeigen sich bei ihr Entzugserscheinungen. Und weil der Entzug unerträglich ist, muss sie ihn mit etwas betäuben. Sie muss sich trösten. Aber Süßigkeiten und Chips, die sie kiloweise futtert, können den Schmerz nicht ganz stillen. Je dicker sie wird, umso weniger kann sie sich lieben. Ihr Spiegelbild kann sie nicht mehr ertragen. Wenn sie ihre Jeans nicht mehr zuknöpfen kann, hasst sie ihren fetten Bauch. Wenn die Kollegen von ihr als »der Dicken« sprechen, wendet sie sich ab. Die logische Gegenabwehr ist die Bulimie. Sie spuckt die Speisen wieder aus, noch bevor sie sich als Fett absetzen können. Am besten kann sie sich mit Zigaretten trösten. Von denen wird sie nicht dick und ihre Speiseröhre muss sie nicht zum Erbrechen reizen. Als Kettenraucherin wird sie aber immer mehr aus der Gesellschaft ausgesondert. Außerdem spürt sie mittlerweile ihre angeschlagenen Bronchien. So schlittert sie mit jeder Ersatzbefriedigung immer mehr in den Teufelskreis hinein. Je mehr sie isst und raucht, umso weniger fühlt sie sich akzeptiert. Und je weniger akzeptiert sie sich fühlt, umso mehr muss sie essen und rauchen. Das Schlimmste daran ist, dass weder die vielen oralen Ersatzbefriedigungen noch ihr fleißiges und erfolgreiches Lernen den tiefen Schmerz in ihrem Innern lindern können. Schwere Trauer vermischt mit einem unheimlichen Schuldgefühl bedrücken sie immer mehr.

Beim Betrachten von Martinas Lebensgeschichte kommen Zusammenhänge ans Licht, über die in der Familie nie gesprochen wurde, die aber als vage Schuldgefühle im Verborgenen wirken und schmerzen. Die Ehe von Martinas Eltern stand von Anfang an unter einem schlechten Stern. Sie haben geheiratet, weil Martina unterwegs war. Sicherlich hätte diese Tatsache alleine genügt, um das Mädchen mit dem Gefühl zu belasten, für die Eltern verantwortlich zu sein. Ihretwegen hat sich der Vater aufgeopfert und zog mit der Frau zusammen, die er nicht besonders liebte. »Hätte ich es nur rechtzeitig gewusst, dass deine Mutter zum Trinken neigt! Als sie mit dir schwanger war, konnte ich keine freie Entscheidung mehr treffen. Jetzt müssen wir zusammenhalten, liebe Martina.« Diese Worte hörte Martina aus seinem Munde immer wieder. Und Ähnliches vermittelte ihr auch die Mutter. Als Martina ihre erste Menstruation bekam, wurde sie von ihrer Mutter über Sexualität und Verhütung aufgeklärt. Bei dieser Gelegenheit hörte sie zum ersten Mal, dass sie ihr Leben der ethischen Haltung ihrer Mutter zu verdanken hat. »Als mich dein Vater schwängerte, haben mir alle meine Freunde zur Abtreibung geraten. Da ich jedoch grundsätzlich gegen die Tötung eines ungeborenen

Kindes bin, stand ich mit allen Konsequenzen dazu und war bereit, den Preis der lebenslänglichen Gefangenschaft in der Ehe zu zahlen. Wenn ich dich abgetrieben hätte, wäre mir viel Kummer in meiner Ehe erspart geblieben«, klärte die Mutter ihre vorpubertierende Tochter auf. Es leuchtet ein, dass sich Martina für die »Opfergänge« ihrer Eltern zu Dankbarkeit verpflichtet fühlt. Sowohl für die Mama als auch für den Papa möchte sie es wieder gutmachen, dass sie leben darf. Wie aber kann diese Wiedergutmachung anders erfolgen, als dass das Kind sich bemüht, den Eltern das Zusammenleben leichter zu gestalten? Und so hilft das Kind und hilft und hilft und kann damit nicht aufhören, solange die Eltern leben.

Wo blieb bei den Eltern die Kraft, sich in das Kind einzufühlen? Der sonst so intelligente Vater machte sich keine Gedanken darüber, wie sein Verhalten auf seine Tochter wirkt. Er hätte wissen müssen, wie schwer er dieses sensible, gutmütige Kind belastet, wie er es zu übermäßiger Dankbarkeit verpflichtet, bei der das Kind mehr gibt, als es nimmt, und sich überfordert. Hat er nie darüber nachgedacht, dass er seine Tochter zu einer partnerschaftlich Vertrauten oder Beraterin machte, wenn er sich bei ihr über seine Frau beklagte? Und dass sein Kind dadurch kein Kind mehr sein konnte? An wessen Gewinn dachte er, als er sich seinem Kind anvertraute? Sicher nicht an sein Kind, denn davon konnte für sie keine Rede sein. Vielmehr hat Martina etwas Wichtiges verloren: ein großes Stück Vertrauen und Achtung vor ihrer Mutter. Den Gewinn wollte der Vater nur für sich selbst: Er wollte Mitleid und eine Anerkennung für seine Aufopferung bekommen.

Und was bleibt bei der Mutter unter dem Strich? Was sie der Tochter durch ihre Aufklärung gegeben hat, war lediglich die Belehrung, dass unerwünschte Kinder nicht abgetrieben werden dürfen. Zugleich aber verletzte sie Martina aufs Äußerste, indem sie ihr ganz sachlich mitteilte, dass sie ein unerwünschtes Kind ist. Die Verluste auf der Seite von Martina sind evident. Besonders zu betonen sind der Verlust ihrer Unbekümmertheit und Gelassenheit. Denn es leuchtete ihr ein, dass sie sich ihr zunächst unerwünschtes Leben erst verdienen musste. Sie fühlt sich der Mutter gegenüber verpflichtet, wieder gutzumachen, was sie ihr mit ihrer Existenz angetan hat. Sie muss sich um die Mutter sorgen, die ihretwegen leidet. Wem hat die Mutter mit ihrer Mitteilung etwas Gutes tun wollen? Sich selbst. Es ging ihr darum, sich selbst als den moralisch sauberen Menschen darzustellen. Auch ihr ging es also primär um ihren eigenen Gewinn. Auf ihr Kind hat sie keine Rücksicht genommen.

Insofern lässt sich das bereits geschilderte Verhalten von Martinas Eltern als ein typischer Mangel an Einfühlung einordnen, der letzten Endes in die Rücksichtslosigkeit und die seelische Schädigung des Kindes mündete. Darüber hinaus begingen die Eltern auf eine heimtückische Weise etwas noch viel Schlimmeres. Um Martina für ihre eigenen Zwecke zu missbrauchen, bedienten sie sich der dunklen Seite der Einfühlung.

Es stimmt nämlich nicht, dass die Eltern sich nicht in Martina einfühlen konnten. Sowohl die Mutter als auch der Vater konnten sich sehr gut in die seelische Lage ihrer Tochter versetzen, der andere durfte davon aber nichts erfahren. Es klingt verrückt. Im wahrsten Sinne des Wortes hat es auch Martina beinahe verrückt gemacht. Sowohl die Mutter als auch der Vater wussten, wie tief sie von Martina geliebt werden. Sie nahmen ihr gutes, aufopferndes Herz wahr. Sie wussten auch, dass Martina sich um sie Sorgen machte, wegen der drohenden Scheidung, aber auch wegen des immer wieder angekündigten Selbstmords der Mutter. Und sie wussten, wie folgsam und zuverlässig Martina die ihr anvertrauten Aufträge ausführt, wie sie aus lauter Liebe und Rücksicht auf ihre Eltern auf jeglichen Widerstand verzichtet und stets bereit ist zu helfen. Jeder Elternteil hat das Wissen um Martinas Gefühle zu seinen eigenen Gunsten ausgenutzt.

An eine Scheidung dachte der Vater nicht. Eine kleine Flamme der Liebe zu seiner Frau loderte trotz aller Schwierigkeiten noch. Zum anderen hätte er sich aus religiösen Gründen die Trennung von seiner Frau nie erlaubt. An seinem Versprechen, zu seiner Frau nicht nur in guten, sondern auch in schlechten Zeiten zu halten, hielt er fest, obwohl es sich fast nur noch um schlechte Zeiten handelte. Er kam sich vor wie ein schwer beladenes Kamel in der Wüste ohne Wasser. Die Erfüllung gab ihm sein Beruf. Und den angenehmen Nervenkitzel, den Hauch des Abenteuers, fand er am Kartentisch. Seine Verluste und Gewinne glichen sich einigermaßen aus. Hier konnte er ohne Sünde pokern. Echt belastend war der Gedanke an einen möglichen Selbstmord seiner Frau. Der plagte sein Gewissen schwer. Er selbst jedoch tat nichts, um seiner Frau und der Ehebeziehung zu helfen. Nicht aus bösem Willen oder aus Gleichgültigkeit, sondern aus Hilflosigkeit. Was er nämlich aus eigener Kraft tun konnte, hatte er schon unternommen. Von Psychotherapeuten hielt er nichts. Die eigene Ohnmacht zu spüren, machte ihn gegen sich und seine Frau wütend. Wenn er ab und zu seine Selbstbeherrschung verlor, seine Frau anschrie und sie somit noch mehr in ihr dunkles Loch stürzte, fühlte er sich sehr schlecht. Zunehmend verzichtete er auf eine Konfrontation und zog sich in sein Schneckenhäuschen zurück. Mit der Zeit und mit zunehmender Problematik geriet Martina in die Rolle seiner aktiven Helferin. Die Regie aber behielt er in der Hand. Ohne dass seine Frau davon wusste. Ein Drahtzieher.

»Martina, bitte schau heute nach der Mama. Sie hat schon wieder so aufgedunsene Augenlider. Offensichtlich kommt sie wieder in einen depressiven Schub. Versuche sie aufzuheitern, damit sie nicht wieder zum Whisky greift. Bitte, du kannst es so gut. Ich nicht. Du kennst mich doch, wie gereizt ich auf deine Mutter reagiere und explodiere. Und dann ist alles noch viel schlimmer. Niemand kann mit ihr so lieb umgehen wie du, mein Engel. Bitte geh zu ihr.« Diesen Auftrag nahm Martina als ihre heilige Pflicht an. Sie schreibt in ihrem Tagebuch: »Es liegt also nur an mir, die Mama zu retten. Aber ich weiß nicht mehr, was ich mir noch einfallen lassen soll, um sie ein bisschen fröhlicher zu stimmen. Ich höre mir an, wie sie Angst vor Papa hat. Schon wieder hat sie heute den Satz gesagt, dass sie nur wegen mir mit ihm zusammenbleibt. Der Satz reißt mein Herz auseinander. Wäre es nicht besser, wenn ich nicht am Leben wäre? Dann wäre meine Mutter frei. Als ich sie heute fragte, brach sie in Tränen aus, nahm mich in den Arm und bat mich, ihr zu glauben, dass sie mich sehr lieben würde und dass sie eigentlich nur wegen mir lebe. Ich darf sie also nie verlassen. Ihr Leben hängt von meinem ab. Papa hat Recht, wenn er sagt, dass ich die Einzige bin, die es mit der Mama schaffen kann. Ich weiß aber nicht, wie ich es machen soll. Vielleicht geschieht ein Wunder. Ich bete darum. O Gott, bitte hilf! Er aber wendet sein Gesicht von mir ab. Als ich Mama fragte, was ich ihr Gutes tun soll, damit sie fröhlicher wird, schickte sie mich zu Aldi, um einen billigen Whisky zu kaufen. Er sei für sie wie eine Medizin, sie habe dann leichtere Gedanken. Papa darf es nicht erfahren. Sonst wäre er ihr böse. Ich muss es geschickt machen. Wie ich mich schäme! Ich habe meinen Papa verraten. Wie ich meine Ohnmacht hasse!«

Aus ihrer großen Liebe und ihrer unendlichen Hilfsbereitschaft heraus wird Martina zur Co-Alkoholikerin.

Mit ähnlichen Aufträgen den Vater betreffend belastet die Mutter Martina. Sie habe keinen Einfluss mehr auf ihn. Die Anziehungskraft, die er am Anfang ihrer Liebe für sie hatte, ging schon während der ersten unerwünschten Schwangerschaft verloren. Da sie in ihrem bürokaufmännischen Beruf nur halbtags arbeitete, geriet sie in eine Abhängigkeit zu ihm. Das Geld verdiente er. Diese Hauptgeldquelle war aber durch seine Spielsucht gefährdet. Auf ihre Bitten, das Pokern aufzugeben, reagierte er jedes Mal allergisch. Grob schrie er sie an. Einmal stieß er sie brutal von sich weg, als sie ihn anflehte, nicht ins Kasino zu gehen und stattdessen zu Hause zu bleiben. Niemand war da, der sie unterstützt hätte. Ihre Eltern hielten sich heraus. Eine gute Freundin hatte sie nicht. An wen hätte sie sich wenden können? Es blieb also nur Martina. Sie war der einzige Mensch, der immer ein Ohr für sie hatte. Sie war immer bereit, ihr zu helfen. Das Kind wurde zum verlässlichen Punkt mitten im Chaos. Wie ein Leuchtturm in der Dunkelheit des stürmischen Ozeans.

»Martina, ich habe so große Angst, dass uns das Geld ausgeht, wenn dein Papa bei seinem verdammten Pokern verliert. Du weißt, wie böse dein Papa auf mich ist, wenn ich ihn darum bitte, mit dem Kartenspiel aufzuhören. Aber du, du kannst es so gut mit ihm. Dir kann er keinen Wunsch abschlagen. Bitte geh zu ihm! Bitte mache es für deine Mama! Bitte ...«

Ein Ausschnitt aus Martinas Tagebuch: »Ich komme mir vor wie im Kreuzfeuer. Ja noch schlimmer: Ich komme mir wie ein Doppelspion im Krieg zwischen zwei Fronten vor. Auf jeder Seite muss ich das Geheimnis der anderen Seite hüten. Auf beiden Seiten muss ich das Unglück abwehren. Angespannt wie bei einem Spagat fürchte ich, dass es mich entzweireißt. Das darf aber nicht passieren, denn ich muss jedem der beiden helfen. Ich muss, ich muss, ich muss, sage ich mir, wenn ich nicht mehr kann. Für meinen Papa bin ich die Einzige, die ihm helfen kann. Auch für die Mama bin ich die einzige Rettung. Jedes Mal sagt sie mir, dass sie nur wegen mir verheiratet ist, nur wegen mir lebt. Nur an mir liegt es. O Gott! Wie kann ich das schaffen? Wie kann ich bloß den Papa von seiner Spielsucht und meine Mama von ihrer Trinksucht heilen? Ich bin doch keine Psychotherapeutin!«

Martina plagt sich mit ihren aussichtslosen Hilfen für den Vater und die Mutter. Sie bemuttert die Mutter und sie bemuttert ihren Vater. Wenn sie ihre Eltern »beeltert«, kann sie jedoch kein Kind mehr sein. Wenn sich die Eltern in ihr Kind einfühlen, dann nur, um seine selbstlose Liebe zu eigenen egozentrischen Zwecken zu missbrauchen. In ihrem eigenen verwundeten Ego gefangen, stellen sich weder die Mutter noch der Vater die Frage, in welch tiefe existenzielle Krise sie ihr Kind stürzen. Dass sich Martina in ihrer Ohnmacht, ihrem Hin-und-her-Gerissensein sowie aufgrund ihrer Schuld- und Gewissenskonflikte selbst nicht lieben kann und unfrei für ihren eigenen Lebensweg ist, hat bisher kein Elternteil bemerkt.

Therapeutisch fange ich bei den Eltern an. Sie sind es, die Martina entlasten sollten. Ich versuche sie in eine höhere Ebene der Einfühlungsfähigkeit zu führen, in der das geistige Kombinieren gefordert wird: Wenn Sie diese Hilfe von Martina verlangen, wie fühlt sich Martina dann? Was denkt sie über ihren Hilfsauftrag hinaus? Welche Konsequenzen zieht sie daraus für ihr eigenes Leben? Füge ich ihr vielleicht Schaden zu? Die Beantwortung dieser Fragen müsste bei den sonst sensiblen Eltern mehr Rücksichtnahme auf Martina auslösen, hatte ich gehofft. Beide sehen tief berührt ein, dass sie ihre Tochter überfordern und nehmen sich vor, Martina nicht mehr als Vermittlerin zu benutzen. Daraus müsste sich nun für die Eltern die logische Konsequenz ableiten, für die Lösung ihrer Nöte selbst die Verantwortung zu übernehmen und therapeutische Hilfen in Anspruch zu nehmen. Dies ist die Grundbedingung für Martinas Befreiung. Die Eltern sind jedoch nicht in der Lage, diese Bedingung einzuhalten. Der Schatten ist zu groß, um über ihn springen zu können. Was nützt es, dass sie Martina von ihrem Kummer nichts mehr erzählen? Selbst wenn sie schweigen, weiß sie doch, dass die Not der Eltern nach wie vor nach ihrer Hilfe verlangt. Sie unterbricht das Studium und kehrt mit ihrer Bulimie ins Elternhaus zurück.

Mein ganzes therapeutisches Können scheitert an diesem Fall.

DIE LIEBE WIRD ALS STRAFE BENUTZT

Zu meinem Bekanntenkreis gehören zwei Schwestern, die sich gegenseitig von klein auf ablehnen. Die erstgeborene Doris war zunächst das absolute Lieblingskind ihrer Mutter. Als dann aber nach zwei Jahren Theresa auf die Welt kam, hat sie mit ihrem sonnigen Charme die Aufmerksamkeit aller auf sich gezogen. Und so blieb es das ganze Leben lang. Dazu kam noch, dass Doris von Theresa in jeglicher Hinsicht überholt wurde. Sie hatte in allen Fächern die besseren Noten und war sehr geschickt, sowohl bei der Handarbeit als auch beim Sport. In der Tanzstunde forderten sie bei jedem Tanz zwei oder drei Jungen auf einmal auf, während Doris häufig sitzen blieb. Der einfühlsamen Theresa entging nicht, dass Doris häufig traurig war und sich schämte, deshalb wollte sie ihr immer wieder irgendwie helfen. Obwohl sie es gut meinte, wirkte ihre Hilfe wie ein weiterer Schlag. Für Doris war es eine unerträgliche Erniedrigung, sich von ihrer jüngeren Schwester helfen lassen zu müssen. Das Schlimmste für Doris aber war, dass die Mutter die ganze Bewunderung und Liebe auf Theresa übertrug. Auch der Vater hatte größte Freude an Theresas Können. Mit ihrem mutigen Klettern – kein Baum war vor ihr sicher – und ihrer Vorliebe für Fußball ersetzte sie ihm den fehlenden Sohn.

Auch bei der Berufsausbildung zeigten sich deutliche Unterschiede. Theresa wurde zur gesuchten Ergotherapeutin, Doris Verkäuferin in einem Kaufhaus. Doris heiratete einen kleinen Postbeamten, Theresa einen hoch gestellten Offizier. Mit ihrem Mann lebte Doris von einem Monat zum anderen, ihren Urlaub konnten sie höchstens im Schwarzwald verbringen. Theresa dagegen fuhr mit ihrem Mann in den Himalaja, nach Monte Carlo und, und, und. Nur in einer einzigen Beziehung war Doris ihrer erfolgreichen Schwester überlegen. Sie hatte drei äußerst wohlgeratene Söhne. Theresa dagegen blieb trotz aller Bemühungen kinderlos.

Heute sind sie 32 und 30 Jahre alt. Sie leben zwei Dörfer voneinander entfernt, ihre Eltern leben in der nahen Stadt. Von ihren drei Neffen wird die Tante Theresa sehr geliebt. Nicht unbedingt deshalb, weil sie ihnen und der restlichen Familie reiche Geschenke macht und weil man mit ihr tolle Ausflüge und Zirkusbesuche machen kann, sondern weil sie im Unterschied zu ihrer Mutter immer heiter ist und man sich mit ihr einfach gut versteht. Auch zu ihren Großeltern gehen die drei Buben äußerst gerne. Da sie die einzigen Enkel sind, auf die man so lange gewartet hat, und dazu noch Buben, haben Oma und Opa viel Freude an ihnen.

Eine glückliche Familie, denkt man auf den ersten Blick. Doch im Untergrund brodelt's. Mit ihren drei Söhnen hält Doris die ganze Familie in Schach. Das, was ihr als ältestem Kind nie gelang, realisiert sie nun durch die Söhne. Und dazu benutzt sie ihr Einfühlungsvermögen für ihre Söhne, für ihre Schwester, für ihre Eltern. Sie weiß ja, wie sie sich gegenseitig lieben und wie sie sich vermissen. Das nutzt sie für ihre Erziehungszwecke, vor allem aber als Rache gegen ihre Nächsten.

Wenn ein Sohn frech wird, bestraft man ihn mit dem Verbot, Tante Theresa zu besuchen. Alle beide leiden darunter. Nicht nur der Junge, auch die liebende Tante. Immer wieder verhängt Doris ihre Strafe über alle drei Söhne und über die ganze Verwandtschaft. Nicht nur zu Tante Theresa, auch zu Oma und Opa dürfen sie nicht gehen, wenn sich einer von ihnen unanständig verhält. Alle bemühen sich, lieb zur Mama zu sein. Sie tun es aus Solidarität zu allen Betroffenen, und dafür verheimlichen sie dies und jenes und manchmal lügen sie sogar. Nun ja, irgendwie verständlich.

Heimlich rächen sie sich für sich selbst, für Tante Theresa, für Oma und Opa und tun für diese Lieben etwas, was sich diese nie durchgehen lassen würden. Einmal brennt das Weihnachtsbäumchen, ein anderes Mal stecken unter der Zudecke in Mamas Bett drei riesige Spinnen. Eine indirekte, heimtückische Aggressivität ist die Folge. Und im tiefsten Herzen spürt Doris, dass die Söhne keine echte Liebe zu ihr spüren. Die zum Zweck der Strafe benutzte Einfühlung kehrt wie ein Bumerang zu Doris zurück.

Die gleiche Grausamkeit wird oft von Eltern aus geschiedenen Ehen betrieben. Dazu eine Geschichte, bei der ich unlängst Zeuge wurde, ohne dass ich sie beeinflussen konnte. Robins neue Gummistiefel sind kaputt. Wie das geschah, kann er sich selbst nicht erklären. Beim Fußball passierte es. Vielleicht war er zu wild. Fußball aber lässt sich doch nicht anders spielen. Aber die roten Stiefel waren so schön! Offensichtlich jedoch zu fein für das Fußballspiel. Jetzt kann man sie wegschmeißen. Die Mutter meint, dass Robin mit seinen zwölf Jahren hätte wissen müssen, dass er für das Fußballspielen andere Schuhe braucht. Er müsse den Wert der Schuhe schätzen lernen, findet sie. Zur Strafe bekommt er jetzt keine anderen Winterschuhe, bis er nicht mindestens einen Teil des Kaufpreises aus eigener Tasche bezahlen kann. Ganz so ernst meint es die Mutter mit der Strafe aber auch wieder nicht. Sie rechnet mit dem einfühlsamen Vater und schickt das Kind an einem verschneiten Wochenende in Sandalen zum Papa. Sie erwartet, dass Robin frieren wird und versetzt sich in seine Lage. Sie versetzt sich aber auch in ihren besorgten Ex-Mann. Sie kennt ihn und weiß, wie verantwortungsbewusst er ist und wie sehr er das gemeinsame Kind liebt. So rechnet sie ganz sicher damit, dass er aus Einfühlung dem frierenden Kind neue Winterschuhe kaufen wird. Es stellt sich die Frage, wen straft sie eigentlich? In ihrer Wut auf ihren Ex-Mann ist sie sich dessen nicht einmal bewusst.

DER SEXUELLE MISSBRAUCH

Die Fälle von sexuellem Missbrauch scheinen sich zu häufen. Sicherlich muss man dabei berücksichtigen, dass die Dunkelziffer früher viel größer war als heute.

Dass der folgende Fall ans Licht kam, war eindeutig das Verdienst des ältesten, leicht behinderten Sohnes. Von klein auf war Fabian der Liebling seiner Mutter. Sie klammerte sich so sehr an ihn, dass ihr Mann seine Stelle als Ehemann verlor. Sogar seine Stelle im Ehebett nahm der Sohn ein, der Vater zog ins Gästezimmer. Bei der Scheidung seiner Eltern hielt Fabian gegen den Vater zu seiner Mutter. Er half ihr, Argumente gegen seinen Vater zu sammeln. So sagte er aus, dass der Vater ihn mehrere Male rabiat aus dem Bett geschmissen habe, um über die Mama herzufallen. Zum Glück habe sich die Mama immer wehren können. Oh, war das ein Geschrei! Wenn der Vater aber ins Zimmer von seiner Schwester Mira ging, war es jedes Mal sehr still. Weil er Angst um seine jüngere Schwester hatte, lauschte er mehrere Male an der Türe.

Meist hörte er nur leise Geräusche, als würde sich jemand im Bett umdrehen. Und einmal hörte er, wie sein Vater flüsterte: »Mira, bitte sag deiner Mutter ja nicht, wie schön wir miteinander kuscheln, mach nicht einmal eine Andeutung darüber. Kannst du dir vorstellen, wie böse sie auf mich wäre?« Mira sagte es der Mama nie, aber Fabian fühlte sich dazu verpflichtet. Es habe ihn sehr überrascht, dass die Mama davon nichts wissen wollte. Sie meinte, dass er dies vielleicht träumte. Erst als die Scheidung lief, habe sie wissen wollen, wie es mit dem Papa und der Mira war.

Der Vater wurde wegen sexuellen Missbrauchs angeklagt. Mira stritt zunächst alles ab. Als dann aber ihr Bruder aussagte und sie von den Verhörern bedrängt wurde, die Wahrheit zu sagen, gab sie schließlich zu, dass sie mit dem Papa oft lange schmuste, ihm aber versprochen hatte, nichts zu erzählen. Das neunjährige Mädchen war allerdings nicht auf die hartnäckige Befragung gefasst, an welchen Körperteilen sie vom Papa berührt wurde, und gab in ihrer kindlichen Naivität einiges zu. Daraufhin wurde der Papa verurteilt. Die Folge war, dass Mira voll verwaiste. Mit ihrem Bruder brach sie alle Kontakte ab, als wenn es ihn nie gegeben hätte. Ihre Mutter hat sie von Anfang an nie voll gehabt, da sie immer ausschließlich auf den Bruder fixiert war. Und den Vater hat sie durch das Gerichtsurteil verloren. Er war schwer enttäuscht, dass sie nicht zu ihm gehalten hatte. Hier begannen ihre Schuldgefühle und Waschzwänge, ihre unheimlichen Ängste vor Bindung und Enttäuschung sowie ihre Depressionen. Zwar besuchte sie mit sehr gutem Erfolg ein Gymnasium, aber seelisch war sie tief verstört.

Als ich sie über den Briefweg kennen lernte, war sie bereits seit dreizehn Jahren in verschiedenen psychotherapeutischen Behandlungen. Keine hatte ihr helfen können. Lediglich die schwere Schuld ihres Vaters wurde ihr bewusst. Unter Anleitung eines Therapeuten traute sie sich, den vollen Hass gegen den Vater herauszuschreien. Zugleich versuchte sie, die letzten Reste ihres Selbstvertrauens und ihrer Selbstachtung aufzudecken und zu stärken. Vergebens. Die Kraft der eigenen Schuld war größer.

Ich fragte sie, worauf sich ihre Schuld eigentlich beziehe. Sie schrieb zurück: »Liebe Frau Prekop, Sie stellen mir eine eigenartige Frage. Bis jetzt hat mich noch kein Therapeut danach gefragt. Jeder ging davon aus, dass ich mich schuldig fühlen müsste, weil ich mich meinem Vater nicht widersetzte. Ich traute mich nicht zu widersprechen, um mich nicht noch schuldiger fühlen zu müssen. Es war auch kein richtiger Inzest, lediglich ein Schmusen, ein unerlaubtes Schmusen zwischen Vater und Tochter. Kein Zweifel darüber, dass es eine klare Grenzüberschreitung war. Aber meine Mutter verwehrte mir jede Zärtlichkeit, diese hatte sie nur für meinen Bruder. Auch meinem Vater fehlte die Liebe in der Ehe. Eigentlich habe ich meinem Vater gegeben, was ihm meine Mutter schuldete. Und er schenkte mir die Liebe, die eigentlich für seine Frau bestimmt war. So schenkten wir uns gegenseitig die Liebe, die wir von meiner Mutter nicht bekommen haben. So gesehen fühle ich keine Schuld. Ich weiß, dass mein Vater es mit mir nicht hätte machen sollen. Vielleicht wäre es besser gewesen, wenn er sich eine andere Frau gesucht und unsere Familie verlassen hätte. Aus der Sicht des allgemein gültigen Gesetzes wäre dies korrekter gewesen. Nicht jedoch aus der Sicht des Kindes, das die Liebe nur vom Papa bekommt. Im tiefsten Eck meines Herzens habe ich irgendwie gewusst, dass eine fremde Frau eine totale Bedrohung wäre und ich daher alles dafür tun muss, um meinem geliebten Papa das Zuhause zu geben, das ihn bei uns bleiben lässt. Und letzten Endes tat ich es auch für meine Mutter und meinen Bruder. Ich betone nochmals, dass der so genannte Inzest mein Gewissen keinesfalls belastet.

Und nun beantworte ich Ihre Frage, Frau Prekop, mit welcher Schuld ich mich eigentlich plage und was mich bis heute todunglücklich macht: Ich habe meinen Papa verraten. Denn er wurde nur aufgrund meines Geständnisses über die Einzelheiten unseres Schmusens verurteilt. Ich war es, die ihn ausgeliefert hat. Sein Ansehen habe ich für immer vernichtet, und ich habe seine Liebe verloren. Nach dem Urteil konnte ich ihm nicht mehr in die Augen schauen, obwohl er mir nicht böse war. Ich vergesse nicht, wie er versuchte, mich zu entlasten. Er wollte mich überzeugen, dass er die Not versteht, der ich bei den Verhören und vor dem Gericht ausgesetzt war und dass er mich nach wie vor über alles liebt. Vielleicht hätte ich es glauben können, wenn er mich dabei in den Arm genommen hätte. Aber er traute sich nicht, mich zu berühren. Die körperliche Distanz bei dem Gespräch empfand ich so, als wäre ich auf die kalte Straße gesetzt worden. Darüber hinaus verfehlte die damals bereits begonnene Psychotherapie nicht ihre Wirkung. Dem Psychotherapeuten war offensichtlich wichtig, mir einzureden, dass ich als Opferlämmchen frei von jeglicher Schuld und mein Vater der böse Wolf im Schafspelz sei. Auch die Mutter hatte ich als die Mittäterin zu betrachten. Allmählich habe ich die Empfehlungen verinnerlicht. Das Ziel des Therapeuten war, mich von meinem Elternhaus zu lösen, um ein freies Ich aufzubauen. Das ist mir bis heute nicht gelungen. Sobald ich einen kleinen Schritt in diese Richtung versuche, fängt mich das schmerzhafte Problem mit meinem Papa wieder ein. Ich kann mich von ihm nicht loslösen. Noch immer bin ich in meiner Schuld gefangen.«

»Du bist gefangen in der Liebe«, lautete meine Antwort an Mira. Ich fragte sie, ob sie sich eine Versöhnung mit ihren Eltern vorstellen könne. Möglicherweise steht ihr dabei noch das ungenügende Verständnis für die Mutter im Wege. Hilfreich wäre es in jedem Fall, mehr von der Betroffenheit ihrer Mutter in deren eigenem Kindesalter zu erfahren. Hier könnte sich die Tür zur Einfühlung in die Lage ihrer Mutter auftun. Vielleicht bekäme sie eine Erklärung dafür, warum sie auf die Behinderung ihres erstgeborenen Sohnes mit dieser totalen und ausschließlichen Anklammerung reagierte und dabei auf die Beziehung zu ihr und ihrem Mann verzichtete. Vielleicht hat er sie an ihren eigenen behinderten Bruder erinnert, dem gegenüber sie sich schuldig fühlte. Diese neuen Informationen könnten ein anderes Verständnis für die Mutter entstehen lassen, so dass sie in ihrem Herzen den Satz erklingen lassen könnte: »Mama, ich verstehe, dass du wegen deines schweren Schicksals nicht frei für meinen Papa sein konntest. Dir zuliebe habe ich ihm die Liebe gegeben, die du ihm nicht geben konntest. Trotzdem bist du meine Mutter und ich möchte dich in meinem Herzen wissen.« Außerdem hat sie ein Recht darauf, die Liebe zu ihrem Vater von den Kränkungen und Verschmutzungen zu trennen. Sie sollte ihn um eine Konfrontation bitten, bei der sie von ihm erfährt, wie Leid es ihm tut, dass er sich nicht genug in sie – das Kind – einfühlte und sie demzufolge mit unangemessenen erotischen Erfahrungen als auch mit dem Hüten des Geheimnisses überforderte. Sie sollte die Schuld bei ihm lassen und ihn trotz seiner Schuld ins Herz nehmen.

Einem Menschen kann es nur gut gehen, wenn er seinen Vater und seine Mutter achtet. Erst wenn er sie trotz all ihrer Fehler achtet und liebt, kann ihm die Selbstachtung und Selbstliebe gelingen. Wie kommt es bloß, dass so viele Psychologen und Psychotherapeuten diese schlichte Wahrheit nicht wissen? Warum fühlen sie sich in das Grundbedürfnis des Kindes, beide Eltern im Herzen zu wissen, nicht ein? So wie ich die Szene kenne, weiß ich, dass viele Therapeuten mit ihren eigenen Eltern selbst noch nicht ausgesöhnt sind und daher diese eigene, unverarbeitete Selbstwahrnehmung auf den Klienten übertragen.

An der Einfühlung auf dieser unreifen Stufe mangelt es den Therapeuten nicht. Auf dieser Stufe identifizieren sie sich mit dem Klienten. Der Hass, den sie den Klienten gegen seine Eltern ausschreien lassen, ist ihr eigener Hass. Vielen fehlt aber die Einfühlung in das tiefste, an das Schöpfungsgesetz gebundene Grundbedürfnis des Menschen: die Achtung beider Eltern. Im Hinblick auf die vielen Jahre unnützer Behandlung, in denen sich die Psychotherapeuten nicht in den tiefsten Schmerz der Klientin hineingefühlt haben, drängt sich der Vergleich auf, dass ihr Einfühlungsvermögen minimal ist. Doch möchte ich nicht den gleichen Fehler begehen. So frage ich, warum so viele Psychotherapeuten in der Entfaltung ihres Einfühlungsvermögens blockiert sind. Möglicherweise wurden sie mit rationellem Wissen überflutet, bevor sie diese feine Tiefe bei sich selbst erkennen und sich mit den eigenen Eltern versöhnen konnten. Unter der Vorherrschaft der kopflastigen Logik ging die Logik des Herzens verloren.

Der Prozess der Einfühlung

Nach diesen Betrachtungen aus den verschiedensten Bereichen des Lebens ist evident, dass es um die Einfühlung schlecht steht. Ihnen ist sicherlich nicht entgangen, dass dabei der Weg von außen nach innen ging. In der Außenwelt, beispielsweise im Straßenverkehr oder beim Einkaufen, bemerken wir den Verlust der Einfühlung leicht an der spürbaren Rücksichtslosigkeit. Je mehr wir selbst dadurch betroffen sind, umso deutlicher wird uns bewusst, was hier eigentlich fehlt. Dass wir überholt wurden, damit könnten wir uns leicht abfinden. Im Inneren aber, da, wo wir aus tiefstem Herzen die Liebe in ihrem Fluss zwischen Ich und Du, zwischen Nehmen und Geben erleben möchten, ist die fehlende Einfühlung nicht so klar erkennbar. Erst wenn die Seele wehtut, spüren wir ihr Fehlen. Lassen Sie uns im Folgenden nach den Ursachen suchen und einige Empfehlungen ableiten.

ES GIBT DICH

Dein Ort ist
wo Augen dich ansehn.
Wo sich die Augen treffen
entstehst du.

Von einem Ruf gehalten,
immer die gleiche Stimme,
es scheint nur eine zu geben
mit der alle rufen.

Du fielest,
aber du fällst nicht.
Augen fangen dich auf.

Es gibt dich
weil Augen dich wollen,
dich ansehn und sagen,
daß es dich gibt.

HILDE DOMIN

Die Autorin dieser Verse macht in ihrem Buch *Doppelinterpretationen* ein Experiment. Sie beleuchtet ihr Gedicht von innen und von außen, um die Leser »am Akt des Interpretierens« teilnehmen zu lassen. Der Leser wird in den Zirkel der Deutung aufgenommen und erfährt etwas Neues. Er erfährt es aus den Gedanken von Hilde Domin als auch aus der Praxis der Gegenüberstellung. Dadurch aufgefordert traue ich mir diese zweite Stimme zu und greife den ersten und den letzten Vers auf:

Mein Ort ist,
wo Augen mich ansehen.
Wo sich die Augen treffen,
entstehe ich.

Es gibt mich,
weil Augen mich wollen,
mich ansehen und sagen,
dass es mich gibt.

* * *

Bei der Einfühlung handelt es sich um einen vielfältigen inneren Prozess, der sich aus folgenden Komponenten zusammensetzt:

- Ich bin bereit, mich in die Lage des Gegenübers zu versetzen (Wie ergeht es dir in dieser Lage?) und seine Gefühle wahrzunehmen (Was fühlst du?).
- Ich vergleiche seine Gefühle mit meinen Gefühlen. (Kenne ich diese Gefühle? Habe ich etwas Ähnliches auch schon erlebt? Was fühlte ich damals? Oder kann ich mir die Lage des anderen zumindest vorstellen?)
- Ich ziehe eine klare Grenze zwischen meinem Ich (Subjekt) und dem Du (Objekt), um seine Lage aus seiner und nicht aus meiner eigenen Perspektive zu deuten. (Ich schaue dich an, ich höre dich, ich spüre dich. Ich sehe, dass es dir anders geht als mir.)
- Erst nachdem ich mich für eine Weile ausgeklammert habe (ohne mich zu verlieren), kann ich das Gegenüber aus seiner Sicht und in seiner Gefühlslage verstehen, mich emotional darauf einstellen und mit ihm in einen gefühlsmäßigen Einklang kommen. (O ja, ich weiß oder ich kann mir zumindest vorstellen, wie es dir geht. Eigentlich müsste ich noch mehr von dir wissen, um dich besser zu verstehen.)
- Und erst dann kann ich ihm handelnd entgegenkommen und mich ihm schenken. (Was soll ich für dich tun, damit es dir besser geht und du weißt, dass du nicht alleine bist?)

Im Hinblick auf diese unabdingbaren Bestandteile leuchtet es ein, dass es sich bei der Einfühlung eigentlich um eine anspruchsvolle Erscheinung handelt. Sie erfordert die Kombination von folgenden Fähigkeiten bzw. Eigenschaften:
- eine zuverlässige Selbstwahrnehmung, inkl. dem Bewusstsein der eigenen Identität,
- die Achtung vor dem anderen,

- die soziale Bereitschaft, auf sich selbst zu verzichten, um sich dem anderen zu schenken, also der Verzicht auf die Selbstliebe und stattdessen die Rücksichtnahme auf den anderen,
- die Vorstellungskraft für die Situation des Gegenübers sowie die geistige Kombinationsfähigkeit, die für die Hilfestellung erforderlich ist. Hierbei ist der Begriff der emotionalen Intelligenz die treffendste Beschreibung.

Bedenkt man das hohe Niveau dieser Anforderungen, so fällt auf, dass sie sich nur zu einem kleinen Teil an das sprachlich-logische bzw. abstrakte Denken wenden. Überwiegend verläuft der Prozess der Einfühlung nonverbal. Hierzu zitiere ich aus dem Buch von Daniel Goleman: »Während die rationale Seele sich durch Worte ausdrückt, ist die Sprache der Emotionen nonverbal. Wenn die Worte eines Menschen nicht mit dem Klang seiner Stimme, seiner Körperhaltung oder anderen nonverbalen Äußerungen übereinstimmen, liegt die emotionale Wahrheit in dem, wie er es sagt, und nicht in dem, was er sagt. Nach einer Faustregel der Kommunikationsforscher ist eine emotionale Mitteilung zu 90 oder mehr Prozent nonverbal. Was auf diese Weise mitgeteilt wird, sei es die Angst, die aus dem Ton der Stimme herauszuhören ist, sei es Verärgerung, die aus einer kurzen Geste spricht, wird fast immer unbewusst aufgenommen, ohne dass man der Mitteilung besondere Aufmerksamkeit schenkt; man nimmt es einfach stillschweigend auf und reagiert darauf. Die entsprechenden Fähigkeiten, dank derer wir dies mehr oder weniger gut können, werden ebenfalls zum größten Teil stillschweigend erlernt.«

Machen wir uns bewusst, dass die Entwicklung des Einfühlungsvermögens nicht erst mit der Einschulung und erst recht nicht in den Hörsälen der Universität beginnt, sondern bereits im frühesten Kindesalter, nämlich beim Ungeborenen im Leib seiner Mutter. Eben mit der Leiblichkeit beginnt das Mitgefühl als Grundlage der Einfühlung und der Mitmenschlichkeit.

Im Mutterleib, wo das Kind noch nicht sprechen kann, sondern sinnlich wahrnimmt, wie die Mutter mit ihrem Streicheln die Bewegungen des Babys beantwortet, wie sie nach der Entbindung instinktiverweise sämtliche Lautäußerungen des Kindes nachahmt, wie die Eltern in den ersten Monaten die Gefühle des Kindes widerspiegeln, indem sie mit ihren eigenen Gefühlen auf die Verhaltensweisen des Kindes antworten. (Wir wissen ja, dass wir von Kindern oder von Behinderten viel mehr Mitgefühl bekommen als von dreifachen Doktoren.) Ohne den sich bewegenden Leib und ohne die verschiedenen Sinneswahrnehmungen entsteht kein Mensch. Dass »das Wort zum Leib« wird, gehört unabdingbar zum Schöpfungsplan. Meister Eckart sagt, »unsere Seele ist ein Schlitten, der durch jeden Abschnitt unseres Körpers fahre«. Bei Thomas von Aquin lesen wir, dass »die erste Wirkung der Liebe das Schmelzen ist«, womit er die leiblich-seelische Bewegung meint. In diesem Zusammenhang sagt Rupert Sheldrake, dass »der Körper das Aktionszentrum der Seele ist«. Und sein Dialogpartner Matthew Fox fügt hinzu: »Die Liebe, die du von dir gibst, geht durch deinen Körper ... Die Seele ist nicht im Körper, vielmehr ist der Körper in der Seele ... Der Körper selbst wird durch die Seele erwärmt oder erkalten.«

Beim Erfurter Kongress der Festhaltetherapeuten über Einfühlung setzte sich Jaroslav Sturma mit der Sichtweise von Edith Stein auseinander und bei der Beantwortung der Frage, wodurch sich eigentlich der Leib vom Körper unterscheide und wie er sich konstituiere, erklärte er Folgendes: »Hier wird der Schritt vom Psychischen zum Psychophysischen, zu einer noch breiteren Einheit des lebendigen menschlichen Wesens deutlich. Jedem anderen Ding, auch unserem physischen Körper, kann ich mich nähern und kann mich von ihm entfernen. All diese Objekte sind immer *dort*, nur mein lebendiger, gelebter und erlebter Leib ist immer *hier*. Auch wenn wir den Leib weder greifen noch sehen können, werden wir ihn nicht los, und wir nehmen ihn in voller Leibhaftigkeit wahr. Der Leib ist unabwendbar da und wir finden uns unauflöslich an ihn gebunden. Diese Zugehörigkeit könnte sich nicht in der äußeren Wahrnehmung konstituieren. Im Zentralleib befindet sich der Nullpunkt der Orientierung, wie Edith Stein den Beginn und den Kern der Ich-Identität nennt. Je sicherer, bewusster der Mensch in seiner Mitte wahrnehmbar verankert ist, umso bewusster kann er aus dieser Mitte heraus die Objekte der Außenwelt wahrnehmen. Nur selten, wenigstens in der Fantasie, besteht die Möglichkeit, das Ich ohne Leib bewusst zu erleben (wie man es z.B. in dem Ausdruck ›aus der Haut fahren‹ findet). Kaum aber kann ein Leib ohne Ich denkbar sein. Meinen vom Ich verlassenen Leib zu fantasieren heißt nicht mehr meinen Leib, sondern einen ihm Zug um Zug gleichenden physischen Körper, meinen Leichnam zu fantasieren. Das lässt sich noch anders zeigen. Ein ›abgestorbenes‹ Glied, ein Glied ohne Empfindungen, ist nicht mehr Teil meines Leibes.« Die hier entstandene Ganzheitlichkeit der Ich-Identität wird in ihrem Wachstumsprozess durch die Abspaltung verhindert.

Dass alles im Fluss ist, ist die schöpfungsbedingte Grundbedingung für die Lebendigkeit. Das überzeugendste Beispiel dafür ist der Atem, der sich stets im Einatmen und Ausatmen vollzieht. Sollte einer dieser beiden Pole abgespaltet werden, hört das Leben auf. Nur zwischen zwei gegensätzlichen Polen fließt die Energie. Nach der gleichen Logik der Dualität, sprich Polarität, entstehen auch alle anderen Wahrnehmungsprozesse von Innen nach Außen, von Außen nach Innen, zwischen Annahme und Ausführung, das Zusammenspiel zwischen dem Ich und dem Du, zwischen Nehmen und Geben. »Was das ist, erschließt sich dem Menschen im Geschehen; und was geschieht, widerfährt dem Menschen als Sein«, sagte Martin Buber. »Das Grundwort Ich-Du kann nur mit dem ganzen Wesen gesprochen werden. Die Einsammlung und Verschmelzung zum ganzen Wesen kann nie durch mich, kann nie ohne mich geschehen. Ich werde am Du; ich werdend spreche ich Du. Der Mensch wird am Du zum Ich. Alles Wirkliche ist Begegnung.« Wir können daraus die Erkenntnis ableiten, dass die Menschwerdung nur unter dem aktiven, leiblichen Handeln gelingt, wobei der motivierende Treibstoff dafür die Einfühlung ist.

So betrachtet ist leicht nachvollziehbar, dass die Einfühlung nicht zu verwechseln ist mit dem Mitgefühl bzw. dem Mitleid. Schon in dem altgriechischen Begriff wird das ausgedrückt. Für Mitgefühl können wir auch »Sympathie« sagen. »Sym« bedeutet »mit« und »pathos« heißt Gefühl, Ergriffenheit, Leiden. Das kleine Kind ist durchaus in der Lage, Mitgefühl zu haben, ja es ist sogar davon abhängig. Es besitzt noch sein symbiotisches Grundbedürfnis nach emotionaler Verschmelzung mit seiner Mutter. Einfühlung kann man von ihm noch nicht erwarten. Mitgefühl verlangt noch kein aktives Handeln. Mitgefühl ist auf einer niedrigeren Entwicklungsstufe angesiedelt, wo der Empfänger passiv bleiben und das Mitgefühl des anderen genießen kann. So kann ich beispielsweise mit Michael Schumacher mitfühlen, wenn er beim Formel 1-Rennen mit seinem Ferrari liegen bleibt. Millionen von Zuschauern stöhnen und schreien mitfühlend auf, keiner von ihnen kommt jedoch zu Hilfe. Der Zuschauer fährt ja nicht real mit Schumacher mit, sondern ist nur gefühlsmäßig bei ihm. So geht es jedem Zuschauer und jedem Zuhörer der Massenmedien. Er schaut nur zu, wie die Nächsten hungern, flüchten und sterben, muss aber nicht und kann auch nicht aktiv helfen. Ganz im Gegenteil, er tut leiblich etwas, was mit den gesehenen Bildern überhaupt nicht zusammenhängt. Er spaltet seine Wahrnehmung: einerseits in seine Fernsinne, das heißt in Sehen und Hören, die auf eine passive Weise dem Bildschirm gehören, und andererseits in seine Nahsinne, das heißt in den Tastsinn, Geschmacks- oder Geruchssinn, die ihm auf eine vom Bildschirm unabhängige Weise Genuss verschaffen. Während er die hungernden Kinder in El Salvador beobachtet, genießt er eine Praline nach der anderen. Er schaut sich an, wie streikende Freiheitskämpfer von Polizisten brutal getreten und geschlagen werden, während er zu Hause auf seinem weichen, warmen Fernsehsessel sitzt. Er schaut einen Film über Tierquälerei an, lässt sich dabei aber ein gebratenes Schnitzel schmecken. Je öfter sich der Mensch durch solche Filme passiv berieseln lässt, umso mehr stumpft seine Sensibilität für das Gesehene ab. Letzten Endes berührt ihn die gezeigte Unmenschlichkeit gar nicht mehr. Sie wird zur Banalität.

Die Anonymität sowie das virtuelle Geschehen auf dem Bildschirm halten den Menschen auf der primitiven Stufe des Mitfühlens fest und erschließen ihm den Weg zur Einfühlung nicht. Im Grunde wird der Bildschirm zur Mauer zwischen dem Zuschauer und dem Gesehenen. Nicht nur, dass der Zuschauer sich für den Betrachteten nicht einsetzen kann, auch der Betrachtete hat keine Chance, dem Zuschauer gegenüber seine Gefühle zu äußern. Und erst recht hat er keine Gelegenheit, mit dem Zuschauer mitzufühlen. Eine Gegenseitigkeit ist ausgeschlossen. Bekommen das passive Anschauen oder Anhören von Geschichten eindeutigen Vorrang vor der aktiven Anteilnahme am Schicksal des Lebens in der Außenwelt, ist der Mensch in seinem eigenen Ich, sprich im Ego, gefangen. Die Folge ist, dass er seinen Egoismus voll auslebt, dessen Erscheinungen von Rücksichtslosigkeit, Gefühlskälte und Bindungsunfähigkeit bis hin zu einer autistischen Vereinsamung reichen.

Die angeborene Fähigkeit zum sozialen Fühlen kann sich also zurückbilden, wenn das Mitfühlen keine Gelegenheit bekommt, in die Einfühlung hineinzuwachsen. Machen wir uns deshalb den Unterschied zwischen den beiden emotionalen Erlebnisbereichen nochmals bewusst. Beeindruckend beschreibt Ciaramicoli den Unterschied zwischen Mitleid und Einfühlung: »... die Einfühlung motiviert uns, aus Mitleid und Altruismus zu handeln. Mitgefühl ist eine Emotion, ist die passive

Erfahrung, Angst, Kummer, Wut und Freude eines anderen Menschen zu teilen. Mitgefühl bedeutet, dass wir ›mit-leiden oder mit-empfinden‹. Einfühlung bedeutet, dass wir uns ›hinein-versetzen‹. Diese Unterscheidung mag zwar nicht bedeutsam aussehen, entspricht aber dem Unterschied, ob wir Öl und Wasser oder ob wir Wasser und Milch miteinander mischen. Beim Mitgefühl sind Öl und Wasser sich ganz nahe, berühren sich und wirken wechselseitig aufeinander ein, behalten aber immer ihre jeweilige Identität – zwei Menschen begegnen sich mit ihren getrennten Erfahrungen. Bei der Einfühlung vermischen sich Wasser und Milch derart, dass jedes zum anderen wird und sie gemeinsam ein Ganzes bilden – zwei Menschen machen beide eine gemeinsame Erfahrung.«

Aufgrund meiner Ausführungen könnte leicht der Eindruck entstehen, dass die Einfühlung grundsätzlich zu einer höheren Entwicklungsstufe gehört und daher nur den Menschen vorbehalten ist. Schauen wir uns die Tiere an. Zweifellos haben Tiere ein ausgeprägtes Mitgefühl. Sie lassen sich durch die Gefühle ihres Herrn leicht anstecken. Ist der Herr traurig, so zieht sich auch sein Hund traurig zurück; dabei geht er jedoch nicht weit von seinem Herrn weg, vielmehr wacht er bei ihm. Und wenn ein Leitpferd im Reitstall krank ist und in die Tierklinik eingeliefert wird, dann verbreitet sich bei allen Pferden eine Unruhe, in der eine Welle des Mitleids und auch der Angst erkennbar ist. Durch diese Beispiele, die m.E. sehr deutlich erkennen lassen, dass Tiere in hohem Maße Einfühlungsvermögen besitzen, stellt sich die Frage, ob Tiere nicht einfühlsamer als manche Menschen sein können. Wie anders als mit Einfühlung könnte man es deuten, wenn ein Hund seinem Selbsterhaltungstrieb zum Trotz in ein brennendes Haus läuft, um das Kind seiner Herrenfamilie zu retten? Oder wenn eine Elefantengruppe sich eines verwaisten Elefantenbabys annimmt, um ihm seine Mutter in jeglicher Beziehung zu ersetzen, ihm dabei Nahrung und Schutz bietet?

In mein Gedächtnis prägte sich folgendes Bild aus meiner Kindheit ein: Als meine Mutter einmal zutiefst traurig war, ihren Kopf auf die Tischplatte legte und bitterlich weinte, sprang unsere Katze Muryschka auf den Tisch, obwohl sie wusste, dass ihr das verboten war, und tröstete meine Mutter. Sie tat es aber nicht so, wie Katzen dies gerne tun, indem sie sich um ihren eigenen Genuss kümmern. In diesem Fall leckte Muryschka das Gesicht meiner Mutter ab, küsste ihre Tränen und ging nicht eher weg, bevor meine Mutter ihren Trost nicht mit Freude wahrgenommen hatte. Mit Instinktverhalten sind diese hoch emotionalen Handlungen nicht zu erklären. Sie erfüllen alle Bedingungen der Einfühlung in ihrer reinsten Form: die Wahrnehmung der Not des Gegenübers, den Verzicht auf das eigene Wohl zugunsten des Bedürftigen und die aktive Hilfestellung. Wir können einiges von Tieren lernen.

An diesen Beispielen aus der Tierwelt zeigt sich deutlich, dass nur erwachsene Tiere über Einfühlung verfügen. Der Grund dafür leuchtet ein: Junge Tiere sind noch zu unreif, um der Situation gemäß zu handeln. Noch fehlt ihnen die körperliche Geschicklichkeit und die Belastbarkeit sowie die Orientierung und eine gewisse Routine u.Ä. Sie sind selbst noch viel zu sehr schutzbedürftig, als dass sie Schutz bieten könnten. Noch müssen sie die Einfühlung der Mutter rund um die Uhr genießen können. Vergleichbare Bedürfnisse hat auch das Menschenkind.

DIE ENTWICKLUNG ZUR EINFÜHLUNGSFÄHIGKEIT

Die Einfühlung ist angeboren. Dies ist aber noch nicht der Anfang! Der wirkliche Anfang geschieht noch früher. An dieser Stelle erlaube ich mir, einen Blick auf den Ursprung und in die Schöpfungsgeschichte zu werfen. Als vor etwa 15 Milliarden Jahren im Universum nur Chaos herrschte, entzündete die höchste Schöpfungskraft, die wir gerne Gott nennen, eine geniale Idee. Er nahm sich vor, den Menschen als sein Ebenbild zu erschaffen. Was kann Er darunter gemeint haben? Wie könnte der Mensch Gott eben sein? Ganz gewiss kann ihm die Ähnlichkeit mit Gott in Bezug auf sein Allwissen und seine Allmacht nie gelingen. Er kann ihm lediglich in Bezug auf die grenzenlose, endlose Liebe ähnlich sein. Und damit dem Menschen solch eine Liebe trotz aller Grenzen gelingen kann, führte Gott dafür die Grenzen ein. Mit dem Urknall wurden dafür die Weichen gestellt, indem sämtliche Kräfte in das Gesetz der Gegensätze, sprich der Polarität, eingeordnet wurden. So wurde das Licht vom Dunkeln abgegrenzt ebenso wie das Oben vom Unten. Die Zeit nahm begrenzt durch Tag und Nacht ihren Lauf. Zuletzt wurden die zwei gegensätzlichen Wesen, Mann und Frau, erschaffen. Die Krönung der Schöpfungsgeschichte wurde aber nicht das Paradies, das die beiden Urmenschen genossen haben, sondern die Verführung zur Überschreitung der ersten Grenze durch den Griff nach dem verbotenen Obst. Erst ab da konnte die Liebe als das höchste Prinzip in die Formel der Polarität fest eingebunden werden. Nach der Vertreibung aus dem Paradies mussten die beiden Menschen, Ich und Du, in ihrer Liebe an Grenzen stoßen, damit diese trotz der Grenzen gelingen kann. So wie die Menschen von hier an Hunger erleiden mussten, um das trockene

Brot zu schätzen, und sich der Angst stellen mussten, um sich der eigenen mutigen Lebenskraft bewusst zu werden, so musste von hier an auch die Liebe immer wieder in Hass als ihren Gegensatz geraten, um erneuert zu werden. Der Mensch muss an die Grenzen seiner eigenen Belastbarkeit und an die des ihn liebenden Menschen stoßen, es muss ihm die Verletzung der Liebe sehr wehtun, um sich für ihre Heilung einsetzen zu wollen. Grenzenlose Liebe gelingt nur unter Grenzen.

Zum Wesen der grenzenlosen, vorbehaltlosen Liebe gehört demzufolge, dass die Grenzen nicht verwischt werden, die Vorbehalte nicht unter den Teppich gekehrt werden und der erlittene Schmerz nicht verdrängt und mit Alkohol, Drogen oder durch Surfen im Internet betäubt wird. Der Verletzung in der Liebe muss man sich bewusst sein, um trotzdem zu lieben und sich geliebt zu wissen. Erst wenn ich weiß, dass mich der andere trotz all meiner Sünden, Schwächen und Begrenzungen liebt, fühle ich mich von ihm bzw. ihr grenzenlos geliebt. Das Gleiche gilt in der Umkehrung: Erst wenn mein Gegenüber weiß, dass ich ihn oder sie trotz aller Sünden, Schwächen und Begrenzungen liebe, fühlt er oder sie sich von mir grenzenlos geliebt.

Wie ist diese Liebe praktisch zu leben? Wir müssen uns zunächst darauf einstellen, dass in der Liebe nicht nur ein beglückendes Mitfühlen gelebt wird, sondern auch Konflikte, und dass zum Austragen eines Konfliktes immer die Konfrontation zwischen dem Ich und dem Du gehört. Damit der andere sich in mich einfühlen kann und ich mich in ihn, müssen die Gefühle von beiden Seiten wahrhaftig und eindeutig offenbart werden. Die Einfühlung dient der Konfrontation der Gefühle, sie ist quasi ein Kabel zwischen dem Sender und dem Empfänger. Der Sinn des Konfliktes ist dabei nicht der Kampf, sondern die Versöhnung und der erneuerte Fluss der Liebe.

Wie lernt der Mensch eine solche Liebe zu leben?

Vor meinen Fenstern sprießen gerade Schneeglöckchen, Krokusse und Tulpen aus dem Boden. Ein rauschendes Blütenfest. Eine Schöpfungskantate. In jeder einzelnen Zwiebel wohnt eine genetische Information über ihre zukünftige Entwicklung. Der gesamte Wachstumsprozess vom Keim über den Stiel, über die Blätter bis hin zur Knospe und zur Blüte mitsamt ihrer Form, ihrer Farbe und ihrer Größe ist darin festgelegt. Die Basis dafür, dass sich dieses Wesen entwickeln kann, ist der Nährboden. In diesem mütterlichen Nest ist der Bauplan verankert. Die Sonnenstrahlen, die Luft und die Tautropfen sind das Umfeld, das auf die Pflanze wirkt und in das die Pflanze hineinwächst. Die Blume braucht keinen Gärtner für ihre Entwicklung, sondern lediglich für ihre Pflege. Aufgrund ihres inneren Bauplanes wächst sie spontan.

Der liebevolle Austausch zwischen dem Baby und seiner Mutter, und zunehmend auch mit anderen Bezugspersonen, wird im kindesfreundlichen Umfeld nach bestimmten Wachstumsgesetzen ermöglicht, wobei die Anlagen des Kindes berücksichtigt werden. Dabei sind diese Entwicklungsstufen naturgemäß angelegt. Experten sprechen gerne vom instinktgebundenen oder vom intuitiven Lernen. Am Werk ist jedoch etwas noch viel Größeres als eine genetische Information im biologischen Sinne. Es handelt sich dabei um ein Schöpfungsmuster für das Ganze, in dem die gesamten Komponenten der Persönlichkeit wie Neugierde, Antriebskraft, Temperament und Intelligenz, aber auch die Stelle im familiären System, die Geschichte der Sippe, die besondere Art der Mutter und der Bindung an sie u.a. verschlüsselt sind. Ein einmaliger, unverwechselbarer Schöpfungsplan für dieses einmalige Kind.

Noch bevor die Seele zum Kind wird, ist sie mit dem höchsten Liebesprinzip gespeist: Sie möchte lieben und geliebt werden. Das Bedürfnis danach ist angelegt. Es verlangt allerdings nach Sättigung. Die Erfüllung dieses Liebesbedürfnisses beginnt für das Kind im Leib seiner Mutter. (Bewusst benutze ich nicht die Begriffe Embryo und Fötus. Die alten Chinesen sind mir sehr sympathisch, die das Lebensalter des Kindes vom Tag seiner Zeugung an zählten.) Das Kind möchte eine liebevolle Annahme durch seine Mutter. Diese »frohe Botschaft« bekommt es durch die Einfühlung der Mutter. Mit ihr ist das Kind nicht nur seelisch verbunden, sondern auch leiblich: durch den gleichen Hormonhaushalt, ihre Stimme, das stete rhythmische Wiegen unter ihrem schlagenden Herzen, ihrem Atem und ihren Schritten. Wichtig für das noch Ungeborene ist aber auch, wie sich die Mutter durch bewusste Handlungen in ihr Kind einfühlt. Je intensiver sie die Bewegungen des Kindes spürt, umso intensiver und häufiger wird sie ihr Kind durch das Streicheln ihrer Bauchdecke liebkosen. Die Leiblichkeit des Kontaktes zwischen dem Kind und der Mutter nimmt immer mehr zu. Bereits jetzt ist das Kind auf die Wahrhaftigkeit und die Eindeutigkeit der mütterlichen Gefühle eingestellt. Es ist in der Lage, auch schwere Krisen, wie beispielsweise die Ängste bei der Flucht oder die Trauer um eine verstorbene Bezugsperson, ohne Schäden zu ertragen, sofern diese aversiven Gefühle auf die Außenwelt gerichtet sind und nicht auf das Kind selbst. Diese feine Unterscheidung kann das mitfühlende Kind bereits treffen, noch bevor es geboren ist! Werden zweideutige Gefühle (»Will ich dich oder will ich dich nicht? Könnte ich dich lieben, wenn du behindert bist?«) über längere Zeit gesendet, mit denen die Mutter die Existenz des Kindes in Frage stellt, reagiert es mit Unruhe. Es spürt die Unsicherheit der Mutter und ihre Halbherzigkeit. Auf einem unsicheren Flughafen gelingt die Landung nur schwer.

Das Bedürfnis nach der symbiotischen Verbindung mit der Mutter endet keinesfalls mit der Geburt. Nachdem das Kind die Krise der Entbindung durchgestanden hat, möchte es die gleichen Erlebnisse wiederholen, die ihm aus dem vorgeburtlichen Raum vertraut sind. Es fühlt sich geborgen, wenn es mit der noch nicht durchtrennten Nabelschnur auf dem Bauch seiner Mutter liegend die gewohnten Herzschläge wieder hört, durch den gewohnten Atemrhythmus gewiegt wird, die ihm vertraute Stimme seiner Mutter hört und ihren vertrauten Geruch riecht. Die Fortsetzung der Bindung findet aber nicht nur durch passive Wahrnehmung statt. Mit einer erstaunlichen Eigenaktivität bemüht sich das Baby, an die Mama »anzudocken«. Lässt man das Baby auf dem Bauch der Mutter ruhen, ohne es mit Untersuchungen und Versorgungsmaßnahmen zu stören, kriecht es aus eigener Kraft (!) hin zur Brust, erfasst sie mit seinen Händchen, nimmt selbst (!) die Brustwarze in den Mund und trinkt die Vormilch. Und wenn die Mutter die Lautäußerungen ihres Kindes in seiner Tonlage mitfühlend nachahmt (das heißt, wenn das Kind schmatzt, schmatzt die Mutter unmittelbar danach auch, oder wenn das Kind gurrt, gurrt die Mutter ebenfalls), fühlt sich das Baby verstanden und angenommen. Bereits unmittelbar nach der Geburt kann ein Kind die Mimik seiner Mutter nachahmen (!), also ihre Gefühle wahrnehmen und mit ihr fühlen. Die Mutter bietet dem Kind einen biologischen Spiegel an, in dem es sich selbst wahrnehmen und erkennen lernt.

Im Schöpfungsplan ist vorgesehen, dass diese enge Bindung mit der Mutter, bei der das Kind die Einfühlung und die vorbehaltlose Liebe erfährt, sich geborgen weiß und die Neugierde für andere Bindungen ausweitet, noch mindestens zwei Jahre fortgesetzt wird. Erst mit dem zunehmenden Bewusstsein für seine Ich-Identität, das mit dem Trotz gegen die Mutter einhergeht, setzt das Bedürfnis nach Loslösung ein. Auch die dadurch ausgelösten Gefühle des Aufbäumens, der Wut und des Zorns muss das Kind von der Mutter beantwortet bekommen. Denn auch diese Gefühle gehören zur Polarität der Liebe. In der unmittelbaren Nähe zur Mutter, möglichst in ihren Armen, soll das Kind zum Widerstand und zum Nein in der Liebe ermutigt werden. Dabei soll es aber auch in der Konfrontation mit der Mutter seine Gefühle wahrnehmen und die

Liebe erneuern lernen. Es ist also noch ein langer, an vielfältigen individuellen Erfahrungen reicher Lernprozess fällig, um dem Kind den Grundstein zu seiner Liebesfähigkeit zu legen. Hier stellt sich die Frage: Auf welche Weise sorgte die höchste Schöpfungskraft dafür, dass das Kind in den Genuss dieses ausgiebigen Lernprozesses kommt?

Im Unterschied zu anderen Säugetieren kommt das Menschenkind als eine physiologische Frühgeburt auf die Welt. Kein anderes junges Tier ist zur Zeit seiner Geburt so unreif. Tatsächlich ist das Ausmaß der Markscheidenreifung des zentralen Nervensystems bei menschlichen Säuglingen etwa erst mit achtzehn Monaten dem Zustand vergleichbar, mit dem Kinder von anderen Primaten auf die Welt kommen. Eigentlich gehört das Kind noch mindestens für zwölf Monate in den Leib seiner Mutter und anschließend auf ihren Leib, um auf diese Weise die biologische Bindung mit ihr nachzuvollziehen.

Die bereits gestellte Frage nach den Lernchancen des Kleinkindes in Bezug auf seine Liebesfähigkeit lässt sich mit einer neuen Frage beantworten: Warum muss ausgerechnet der Mensch, der von allen Wesen das höchste Niveau des sprachlich-logischen Denkens erreichen soll, als das unreifste Wesen so früh aus dem geborgenen Bauch seiner Mutter vertrieben werden? Steckt dahinter ein bestimmter Sinn der Schöpfungsweisheit? Ohne Zweifel. Denn nur dadurch, dass das Menschenkind seine Reifungsprozesse am Körper der Mutter nachholt, wird ihm ermöglicht, den einfühlenden Dialog von Antlitz zu Antlitz und von Herz zu Herz intensiv zu üben. Voraussetzung dafür ist allerdings, dass das Kind, von der Mutter getragen, »das extrauterinäre Frühjahr« aufholt und somit den Instinkten seiner Gattung, nämlich der des sekundären Nesthockers, des »Traglings«, folgt. Diese Erkenntnisse und Begriffe haben wir dem Zoologen Adolf Portmann zu verdanken. Unbewusst werden alle Völker diesem Schöpfungsplan gerecht, die das Kind in seinen ersten zwei bis drei Jahren im Tragetuch betreuen.

Was das Hänschen hier lernt, gehört zur Ausstattung von Hans. Es ist nicht verwunderlich, dass in den Kulturkreisen, in denen die Kinder noch getragen werden, die Einfühlung und der liebevolle Zusammenhalt noch eine Selbstverständlichkeit sind.

Nicht weniger als über den Sternenhimmel kann ich über die Weisheit der Schöpfung staunen, wie sie für die Ausbildung der Menschlichkeit sorgte. Menschlich wird der Mensch ja nur am Menschen. Merkwürdigerweise wird das emotionale Fundament der Menschlichkeit beim Kind in die Obhut der weiblichen Emotionalität gegeben. Selbst der himmlische Vater hat seinen Sohn zunächst der Frau, Maria, anvertraut.

Die Bindung zum Vater bildet sich etwas später und bekommt eine ebenso große, wenn auch eine etwas andere Bedeutung. Jedenfalls weitet sich die Einfühlungsfähigkeit des Kindes in einem nicht weniger bedeutsamen Maße auch auf den Vater aus. Etwa um den achten Lebensmonat, in der »Fremdelphase«, werden dafür die Weichen gestellt. Allmählich stellt das Kind fest, dass es sich auf die erwarteten gefühlsmäßigen Reaktionen der Mutter und des Vaters verlassen kann. Je gleich bleibender sie sich verhalten, umso mehr fühlt sich das Kind in seiner Selbst- als auch in seiner Fremdwahrnehmung bestätigt. Mit zunehmender Neugierde, Beobachtung und Erkundung der Außenwelt wird die Fremdwahrnehmung immer breiter. Mit etwa ein bis zwei Jahren stellt das Kind bei vielen Gelegenheiten fest, dass seine Erkundungen bei ihm selbst zwar Lust und Freude auslösen, bei dem Gegenüber jedoch Ärger und Entsetzen hervorrufen. Ein Beispiel: Das Kind zieht die Tischdecke mitsamt den aufgedeckten Gläsern und Tassen herunter und freut sich sehr über den ausgelösten Krach. An der Reaktion der entsetzten Mutter merkt es jedoch, dass sie sich völlig anders fühlt. Hier fängt das Kind an, zwischen seinem Ich und dem Du zu unterscheiden, was auch sprachlich in der Benutzung der Worte »Ich« und »Du«, »mein« und »dein« zum Ausdruck kommt.

In der Trotzphase spitzt sich die Konfrontation mit den Nächsten noch dramatischer zu, wie dies auf der vorherigen Seite bereits erwähnt wurde. Zunehmend überträgt das Kind seine Erfahrungen vom Elternhaus auf die Außenwelt. Es kann von seinem Verstand und seiner geistigen Kombinationsfähigkeit immer mehr Gebrauch machen und seine Wirkung erleben. Zum Beispiel kann es aufgrund seiner Selbsterfahrung nachfühlen, dass ein weinendes Kind im Kindergarten einen Trost braucht. Daher versucht es, das Kind in seinen Armen zu trösten. Meist stößt es allerdings dabei auf Widerstand, weil das fremde Kind lieber von seiner Mutter als von seinem Altersgenossen getröstet werden möchte. Immerhin ist das eine der wichtigen Erfahrungen, die den Baustein zu einer der höchsten Leistungen der Einfühlungsfähigkeit legen. Es geht um die Fähigkeit, sowohl den anderen als auch sich selbst aus der Perspektive des anderen zu sehen und sich gleichzeitig bewusst zu sein, dass auch der andere seinerseits die Perspektive des jeweils anderen einnehmen kann. Der Philosoph Theodor Litt hat diese Fähigkeit als die Reziprozität der Perspektiven bezeichnet. Dazu ist allerdings auch noch das analytische, auch nach rückwärts gewandte Denken notwendig, also eine höhere Entwicklungsstufe der emotionalen Intelligenz, die sich bei einem Kind erst etwa mit sieben Jahren ausbildet. Ein Beispiel: Ralf fühlt sich durch seinen Freund Heiko so verärgert, dass er ihn am liebsten treten würde. Bevor er es tut, hält er sich aber zurück, um sich etwa folgende Gedanken zu machen: »Wenn ich dich jetzt treten würde, welche Folgen könnte es haben? Wenn du in Tränen ausbrichst, vermag ich dich dann zu trösten? Würdest du mich als den Bösen anschauen und aufhören, mich als deinen Spielkameraden zu betrachten? Ich weiß, dass du in etwa weißt, wie ich mich jetzt fühle, und dass ich dich nicht als Spielkameraden verlieren möchte. Deshalb verzichte ich auf meine Absicht, dich zu treten, und rede lieber mit dir darüber.« Hier ist das Kind im Hinblick auf sein Gewissen schon so weit, dass es sich selbst steuern kann. Es braucht hinter seinem Rücken keinen Aufseher, der sein Verhalten lenkt. Sein eigenes Einfühlungsvermögen sagt ihm, was zu tun ist.

An diesem Beispiel ist zu erkennen, wie wenig die heutigen Kinder aus diesem sonst so zivilisierten Land über Einfühlung verfügen und sich vielmehr wie Barbaren verhalten.

HEMMENDE EINFLÜSSE

In den Mittelpunkt meiner Betrachtungen stelle ich die geniale Erkenntnis des Verhaltensforschers und Nobelpreisträgers Niko Tinbergen, von dem ich ursprünglich die Idee und den Mut zur Anleitung der Festhaltetherapie als der instinkttreuesten Therapie der Bindungsstörung übernommen habe. Er geht davon aus, dass zwischen den instinktiven Bedürfnissen der Menschen und ihrem technokratischen Lebensstil eine riesengroße Kluft entsteht. Die Instinkte würden große Epochen von tausenden von Jahren brauchen, um sich zu verändern, beispielsweise dahingehend, dass der Mensch bei Gefahr nicht mehr zur Flucht neigen würde. Dagegen verändert sich der Lebensstil aufgrund des sich rasant entwickelnden technischen Fortschritts mit Schwindel erregender Geschwindigkeit. Der sensible Mensch fällt dieser Kluft zum Opfer.

So wurde in der ersten Hälfte des letzten Jahrhunderts der noch unerforschte, der weiblichen Intuition angehörende, mysteriöse Bereich der Menschwerdung (dazu gehört auch das Seelenleben vor der Geburt, das Geburtswesen selbst, die Kleinkindbetreuung sowie die Kindererziehung) von den materialistisch denkenden Wissenschaftlern grob vereinfacht und rein rational betrachtet. Die Sensibilität des Kindes und seine Verwundbarkeit ließen die Experten außer Acht, wohl deshalb, weil die seelische Verwundung nicht messbar war und sich somit der wissenschaftlichen Erfassung entzog. (Selbst der sonst so geniale Entwicklungspsychologe Jean Piaget hat sich mit seiner Behauptung geirrt, dass Kinder erst dann zu einer Imitation der Gesichtsausdrücke in der Lage sind, wenn sie ihr eigenes Gesicht im Spiegel erkennen können!) Infolge dieser wissenschaftlichen Irrwege wurden die Neugeborenen von der Mutter sofort getrennt und in die Säuglingszimmer befördert.

Falls das Kind weinte, wurde ernsthaft empfohlen, das Kind nicht durch Trost zu verwöhnen. Unerwünschte Gefühle wie Trotz und Trauer wurden durch Schläge und Isolation bestraft. Es sei an dieser Stelle angemerkt, dass diese und ähnlich schädliche Empfehlungen bis heute noch immer praktiziert werden und auch von Universitätsprofessoren für Pädagogik gelehrt werden. So empfehlen sie zum Beispiel, das wütende, aggressive Kleinkind mit einer Auszeit zu bestrafen, anstatt es in den Arm zu nehmen und sich mit ihm zu konfrontieren (so wie dies die meisten Kinder dieser Welt im Tragetuch erleben). Man riet dazu, das Kleinkind ja nicht nachzuahmen, damit es aufgrund der gespiegelten Babysprache nicht daran gehindert wird, die Sprache korrekt zu lernen. Anstatt dem Kleinkind die Kommunikation und den Austausch der Gefühle mit der Mutter noch eine Zeit zu gönnen, wurde (und wird) es in die Kinderkrippe geschickt. Die Auflistung ähnlicher Beispiele würde kein Ende nehmen. Als gemeinsamen Nenner all dieser so genannten modernen Empfehlungen kann man die Einschränkung der Einfühlung nennen.

Durch die vielschichtigen Störungen der Bindung zwischen dem Kind und der Mutter wurden alle bis dahin vorgeburtlich vernetzten Fäden des Mitfühlens und der Einfühlung zerrissen oder zumindest gelockert. Manchen Müttern gelingt es, die Bindung wieder aufzubauen und dem Kind die verlorene Geborgenheit und das Vertrauen zurückzuschenken. Anderen Müttern gelingt dies nicht. In beiden Fällen bleibt das ganze Leben lang ein mehr oder weniger tiefer, dunkler Spalt bestehen, der die weitere Entfaltung der Einfühlung, der Bindungsbereitschaft und der Liebesfähigkeit behindert. Es gibt Kinder, die sich von dem Verrat der Bindung nie erholen. Sie schützen sich gegenüber den Gefühlen für andere Menschen, indem sie sich einen Panzer anlegen und ihre Bindung lieber zu technischen Dingen wie Autos, Fernsehern, Computern und Bankkontos suchen. Der Mitmensch wird immer weniger gebraucht.

Sogar Schach lässt sich mit dem Computer spielen. In der Disco stimulieren sich die Tänzer lieber mit einem Solotanz, anstatt sich auf den Partner einzustimmen. Auch die Einzelsportarten nehmen in vielen Variationen zu: Extrembergsteigen im Alleingang, Snowboarden, Joggen, Bodybuilding u.a. Der materiell reiche Mensch hat heute jede Menge Gelegenheit, sich vor der Angst, in der Liebe nochmals verraten zu werden, zu schützen. Er sucht die Erlebnisse der Liebe unverbindlich auf dem Bildschirm. Hier eröffnen sich ihm fantastische Möglichkeiten. Zu jeder Zeit kann er in die ganze Welt E-Mails schicken und sich mit wahren als auch virtuellen Freunden vernetzen – und er kann sie jederzeit wieder ausschalten. Der berauschend schnelle technische Fortschritt versetzt den sich isolierenden Menschen in eine Grauzone, wo die Realität schwer von dem Künstlichen zu unterscheiden ist und sich das unsichere, infolge mangelhafter Bindungen labile Ich in viele Ichs auflösen kann. Die Welt der Science-Fiction wird zur Realität. Früher haben darüber die Futurologen fantasiert. Heute befassen sich die Gentechnologen und Computerwissenschaftler ganz realistisch mit der Umprogrammierung und dem Klonen des Menschen. Die Individualität sei nichts mehr als ein Zusammenspiel der Hirnfunktionen. Technisch ist dieses Zusammenspiel durchschaubar und beeinflussbar. Schon kleine Kinder werden mit Computerspielen gespeist und lernen die Kommunikation mit dem Scheinbaren. Sie sind als Millenium-Kinder auf dem Vormarsch. Der Mensch spielt Gott. Und die Liebe verschwindet.

Hier kommt ein Teufelskreis in Gang: Je mehr sich der Mensch der Realität der Mitmenschlichkeit entzieht, umso mehr sucht er das Scheinbare. Und je mehr er im Scheinbaren seine Scheinidentität sucht, desto mehr entfernt er sich von der Realität der Mitmenschlichkeit. Immerhin aber treibt ihn die unerfüllte Sehnsucht nach Liebe und er sucht sie. Er liebt aber nur scheinbar und seine Liebe gehört dem Schein. Die Politologen warnen vor einer globalen Identitätskrise in der heutigen globalisierten Welt. Als Vorboten tauchen die vielen hyperaktiven Kinder, die Borderline-Störungen, die autistischen Persönlichkeiten, die rücksichtslosen Egoisten, die verwöhnten, lebensuntüchtigen Kinder aus dem »Hotel Mama« und die nur in sich selbst verliebten Narzissten auf.

Ihrer materiellen Wissenschaftlichkeit verpflichtet, neigen viele Psychiater dazu, die Ursachen für psychische Störungen eher in biochemischen-neuronalen Fehlsteuerungen zu suchen und dagegen Medikamente zu verordnen. Dass die wahre Ursache in den Verletzungen des Liebesbedürfnisses wurzelt, fällt nur den wenigsten ein. Und noch weniger erahnen sie, dass die Störung bereits in der frühesten Lebenszeit mit dem Abbruch der einfühlenden Bindung mit der Mutter begann.

Jede Krise birgt jedoch auch die Chance für etwas Neues. So wurden erst durch die Anhäufung der Bindungsstörungen die Bindungsforscher wie J. Bowlby, M. Ainsworth, M. Mahler, K. und K. Großmann, H. und M. Papousek u.a. mobilisiert. Und auch nur deshalb ist die prä-, peri- und postnatale Psychologie entstanden. So spanne ich den Bogen zum Vorwort dieses Buches zurück und denke wiederholt daran, dass wir aufgrund der schwindenden Liebesfähigkeit herausgefordert sind, über die Einfühlung als Kern der Liebe nachzudenken und in diesem Sinne zu handeln.

EMPFEHLUNGEN FÜR DIE PFLEGE DER EINFÜHLUNG

Zunächst möchte ich eine grundsätzliche Frage beantworten, die ich von Skeptikern und Pessimisten oft höre. Kann der Mensch die Einfühlung überhaupt noch lernen, wenn er im Kindesalter nur wenig davon mitbekam? Ich beantworte die Frage mit einem eindeutigen Ja. Diese positive Erfahrung machte ich in meiner tschechischen Heimat mit Tausenden und Millionen meiner Landsleute in der Zeit des Prager Frühlings. Bis dahin gab es eine ähnliche Gedankenlosigkeit bis hin zur Rücksichtslosigkeit in den zwischenmenschlichen Beziehungen. Aufgrund der aussichtslosen politischen Situation in den 40er-Jahren des kommunistischen Diktats gaben die Menschen auf. Durch konforme Zusammenarbeit haben manche ihre Selbstachtung und somit auch ihre eigene Identität verloren. Auch sie haben sich lieber in die eigenen vier Wände zurückgezogen und sich nur mit dem Fernseher unterhalten, weil sie nicht einmal ihrem eigenen Bruder glauben konnten. Es war nicht ungewöhnlich, dass der Vater seinen eigenen Sohn oder die Tochter ihre eigene Mutter bei der Geheimen Staatspolizei angezeigt hat. Die Bindungen waren nicht nur aufgrund der politischen Verhältnisse gestört, sondern sie waren aus ähnlichen Gründen wie auch im demokratischen Westen unterentwickelt. Der technische Geburtsablauf, die Trennung der Neugeborenen von den Müttern und die massenhaften Unterbringungen der Kleinkinder in Krippen trugen dazu bei. Kaum eine Frau konnte sich unter dem herrschenden politischen Regime, das mit ökonomischer Not einherging, erlauben, zu Hause beim Kind zu bleiben. Auch tschechische Kinder trauten sich weder in der Krippe noch im Elternhaus ihren Zorn auszudrücken und konnten diesbezüglich auch keine Einfühlung erfahren. Ähnliche Bilder vom Straßenverkehr, vom Verhalten im Zug, von Schlangen vor der Kasse u.a., wie ich sie in diesem Buch beschrieben habe, waren mir von damals sehr vertraut. Als die Diktatur sich auflöste, setzte eine Art Tauwetter ein. Im wahrsten Sinne des Wortes war es so. Die unterkühlten zwischenmenschlichen Beziehungen begannen sich zu erwärmen. In fast allen Kreisen machte man sich Gedanken über den Untergang der Menschlichkeit und über die Notwendigkeit der zu erneuernden »Vermenschlichung des Sozialismus mit menschlichem Gesicht«. So hieß damals die Parole, mit der man in den ideologischen Kampf zog. Der Einmarsch der sowjetischen Panzer im August 1968 hat die demokratischen Pläne zwar zerstört, die Träume danach blieben aber umso lebendiger. Das Volk traute sich neben der Unterschriftenaktionen für Dubček und gelegentlichen Demonstrationen keinen anderen Kampf, als die bewusster gewordene Menschlichkeit auf Schritt und Tritt zu demonstrieren. Diese Revolution geschah gegen die sowjetischen Besetzer, die sich barbarisch und ohne Anstand verhalten haben. »Wir sind humaner als ihr. Im Unterschied zu euch achten wir jeden einzelnen Mitmenschen.« Nie waren die Menschen so nett zueinander wie in diesen Tagen. Ohne dass sie Anstandsunterricht bekommen hatten, boten junge Leute einem Älteren an, ihm den Koffer zu tragen, oder halfen einer jungen Mutter, mit dem Kinderwagen in den Bus einzusteigen. Es war keine Aufforderung dazu notwendig. Die Menschen bemühten sich spontan, sich in den anderen zu versetzen und zu erahnen, was er braucht. Und sie taten es aus Liebe. Welch eine Freude hatten die Menschen aneinander! Mit der Kapitulation endete der Traum. Er war zu kurz, um ausgeweitet zu werden. Die Einfühlung wurde vor allem in der Öffentlichkeit gelebt, sie wurde nach außen demonstriert. Nicht alle haben sich ähnlich einfühlend im intimen Rahmen zu Hause verhalten. Eine längere Zeit des Lernens wäre notwendig gewesen.

Ich kenne noch andere Beispiele für das Erwachen der Einfühlungsfähigkeit. So fällt mir eine Frau ein, die als unerwünschtes Kind ohne mütterliche Einfühlung und Liebe aufwuchs, der es aber dennoch gelang, sich in ihre Kinder einzufühlen. Wie tat sie das? Sie begleitete das Kind von klein auf, und aus Liebe zu ihm schaute sie durch seine Augen, hörte mit seinen Ohren, roch mit seiner Nase, schmeckte mit seiner Zunge. Sie freute sich an dem, an dem sich auch das Kind freute, staunte mit dem staunenden Kind und wenn sich das Kind wehtat, spürte sie seinen Schmerz und tröstete es. Indem sie sich in ihr Kind einfühlte und sich teilweise mit ihm identifizierte, bekam sie das Geschenk des Einfühlens zurück, so als wäre sie selbst noch ein Kind.

In den verschiedenen Beispielen wies ich bereits immer wieder auf die wichtigsten Aspekte, die zur Einfühlung gehören, hin. Ich nenne diese nochmals und ergänze sie mit einigen Tipps, ohne dabei Anspruch auf Vollständigkeit zu erheben. Für eine ausgiebige Darstellung wäre ein dickes Lehrbuch fällig.

- Die wichtigste Voraussetzung für die Einfühlung ist, dass Sie Ihre Gefühle wirklich wahrnehmen. Lernen Sie Ihre Gefühle wahrhaftig zu äußern, damit der andere die Chance hat, sich in Sie einzufühlen.
- Prüfen Sie, ob Sie sich in den anderen überhaupt einfühlen können! Fragen Sie deshalb bei Ihren Freunden und Bekannten nach.
- Halten Sie Ausschau nach Gelegenheiten, bei denen Sie sich in Ihren Nächsten einfühlen können! Lassen Sie sich darüber eine Rückmeldung geben, wann und wie Ihre Einfühlung wahrgenommen wurde und welche Ihrer Handlungen auf den Nächsten wohltuend wirken. Es ist gut, sich zu vergewissern, ob Sie mit Ihrer Deutung richtig oder daneben liegen. Vielleicht haben Sie Ihr eigenes Gefühl einfach auf den anderen übertragen, als müsste er sich so fühlen

wie Sie, und nicht respektiert, dass er andere Gefühle als Sie hat.

- Das Gleiche gilt für Ihr Gegenüber. Ihren Nächsten können Sie in seiner Bereitschaft zur Einfühlung unterstützen, wenn Sie ihm Ihre Rückmeldung darüber geben, dass Ihnen Einfühlung gut getan hat.
- Als eine der wichtigsten Voraussetzungen für die Kunst der Einfühlung gilt das aktive Zuhören. Schon dadurch, dass Sie wiederholen, was Sie gehört haben, signalisieren Sie dem Gegenüber Ihr Interesse an ihm. Eventuell kann dadurch auch ein Missverständnis vermieden werden.
- Bei der Betrachtung der Gefühlsäußerungen sollten Sie sich durch ein einzelnes Merkmal (z.B. Lachen) nicht über anderes hinwegtäuschen lassen. Nicht jeder, der lacht, ist wirklich fröhlich. Vielleicht verdeckt er mit seiner Clownmaske eine tiefe Trauer, vielleicht eine ungute Absicht. Es bewährt sich, auch andere Merkmale wie den Klang der Stimme, den Atem oder die Körpersprache zu beobachten.
- Der berühmte russische Regisseur Stanislavskij erfand die so genannte Methode der psychophysischen Handlungen, mit deren Hilfe dem Schauspieler eine gute Einfühlung in seine Rolle gelingt. Er soll einen Menschen mit ähnlichem Charakter in seiner Mimik, seiner Körperhaltung, seiner Gestik, seinem Gang u.a. sprachlos nachahmen. Versuchen Sie einmal, diese Methode zu praktizieren! Das Hineinschlüpfen in das Leibliche des Beobachteten vermittelt Ihnen überraschend realistische Ergebnisse. Es ist übrigens bekannt, dass autistische Kinder außerordentlich aufmerksam für das Gegenüber werden, falls sie sich von ihm nachgeahmt und somit verstanden wissen. Ein schönes Buch darüber für nicht behinderte Geschwister schrieb Laurie Lears, *Unterwegs mit Jan.*
- Damit Sie die dunkle Seite der Einfühlung erkennen können, lohnt es sich, zwischen einer echten und einer »kauf-

männischen« Einfühlung zu unterscheiden. In der Regel brauchen Sie dazu mehr Zeit und mehrere Gelegenheiten, das Gegenüber besser kennen zu lernen. Am sichersten kann man die dunkle Seite aufgrund der Wunschäußerungen erkennen, die nicht im Sinne des angesprochenen Partners sind. Das setzt allerdings voraus, dass dieser Partner sich selbst so gut wahrnimmt, dass er seine Wünsche erkennen kann und weiß, was er nicht will. Manchmal vermischt sich die »kaufmännische« Art der Einfühlung mit ihrer echten Seite (z.B. »Du bist technisch so begabt, wie ich dich dafür bewundere! Würdest du bitte auf meine Reifen Schneeketten aufziehen?«). Diese Art lässt sich als diplomatisches Spielen deuten, das man nicht unbedingt als Ausbeutung klassifizieren muss. Falls ein Verdacht auf Ausbeutung besteht, empfiehlt es sich, es im offenen Gespräch so zu deuten.
- Eine der schönsten Paarübungen zur gegenseitigen Einfühlung ist ein gemeinsamer Tanz. Besonders empfehlenswert ist der Tango argentino.

Kommen wir nun zur Erziehung der Kinder:
- Lassen Sie Ihr Baby in der Schwangerschaft spüren, dass Sie es eindeutig annehmen und sich auf sein Kommen freuen.
- Bestehen Sie nach der Geburt auf einer Fortsetzung der Symbiose mit Ihrem Baby. Halten Sie es an Ihrem Herzen und ahmen Sie seine Lautäußerungen und seine Mimik nach. Falls dies aus irgendeinem Grund nicht immer möglich war, holen Sie es so schnell wie möglich nach. In bestimmten Fällen, zum Beispiel bei einer Frühgeburt, sind auch die Geburtserlebnisse nachzuholen. Therapeutische Hilfe können Sie dabei von einem Festhaltetherapeuten (siehe dazu die Adresse der Geschäftsstelle der GFH im Anhang) erwarten. Sie sind dazu geschult.

- Betreuen Sie Ihr Kind mindestens ein Jahr lang im Tragetuch, damit Sie beide in den Genuss des emotionalen Mitfühlens und einer undramatischen, jedoch eindeutigen emotionalen Konfrontation in Problemsituationen kommen. (»Nein! Du schlägst mich nicht! Das tut mir weh« usw.) Begleiten Sie, so weit dies möglich ist, alle Erlebnisse des Kindes mit Gefühlsäußerungen (»Oh, das schmeckt«, »Das Schaukeln macht Spaß«, »So traurig bist du«, »Du freust dich«, »Das ist ein großer Ball, da staunst du« u.Ä.).
- Dieses emotionale Begleiten bezieht sich auf alle Altersstufen (»Ich weiß, dass du keine Lust hast, in die Schule zu gehen; aber es muss sein«. »Wenn du deine Mitschülerinnen grundlos schlägst, bekomme ich Angst um dich« u.Ä.).
- Strafen Sie Ihr Kind nie für seine Gefühlsäußerungen! Nehmen Sie alle seine Gefühle mit Achtung an, selbst wenn es in der Trotzphase in einen mächtigen Zorn gerät. Im Alter von zwei bis drei Jahren müssen Sie allerdings den Zorn, den das Kind gegen bestimmte Dinge oder sich selbst empfindet, nicht unbedingt beantworten. Das Kind muss in diesem Alter lernen, seine Enttäuschungen aus eigener Kraft heraus zu bewältigen. Wenn aber das Kind auf Sie zornig ist, dann gönnen Sie ihm eine Konfrontation im festhaltenden Arm, so, als wäre das Kind im Tragetuch. Auf diese Weise wird die Aggression des Kindes zugelassen und geformt. Die Mutter oder der Vater, je nachdem, wer hält, geben dafür das Vorbild. Niemand darf schlagen oder böse Schimpfworte benutzen. Der Ärger darf nur von Antlitz zu Antlitz mit Schreien oder sprachlichen Äußerungen in der ersten Person (z.B. »Mama, ich habe eine Wut auf dich!«) ausgedrückt werden. Der Prozess dauert so lange, bis sich die beiden gegenseitig eingefühlt haben und die Liebe wieder fließt.
- Verzichten Sie auf körperliche Strafen und auf die Strafe mittels Auszeit, das heißt mittels Liebesentzug. Bei diesen Gelegenheiten ist nämlich jegliche Chance zur Einfühlung

verhindert. Sie können allerdings dem Kind, das bereits in Ihrer Nähe tobt, anbieten, sich in seinem eigenen Zimmer oder im Garten auszutoben, indem Sie ihm diese Trennung aus Rücksicht auf Sie und als Lösung für das Kind anbieten (»Ich möchte in aller Ruhe telefonieren. Nimm bitte Rücksicht auf mich und hör auf zu toben, wenn du in meiner Nähe bleiben möchtest. Wenn du aber lieber toben willst, dann geh in dein Zimmer und mach die Tür hinter dir zu.«). Dies gilt natürlich nicht als Strafe.

- Achten Sie auf die Einführung bestimmter Anstandsregeln, die mit der Einfühlung begründbar sind (z.B. aus Rücksicht auf die Tischgenossen beim Essen nicht zu schreien; im Flur herumstehende Schuhe aufzuräumen, damit niemand stolpert).
- Beobachten Sie mit Ihrem Kind seine Umwelt, in der es seine Erfahrungen macht, und helfen Sie ihm, die Zusammenhänge zu verstehen und sich in die emotionale Lage der Beteiligten hineinzuversetzen (z.B. »Was meinst du, wie fühlt sich das Kind, nachdem es den Schlüssel von seiner Wohnung verloren hat? Könntest du ihm helfen?«).
- Schränken Sie das Fernsehen auf ein Minimum ein. Der Film, den sich das Kind anschauen darf, ist immer von einem Erwachsenen zu begleiten und mit ihm aufzuarbeiten, damit sich das Kind in die Lage der einzelnen Filmhelden und in die Handlung einfühlen kann.
- Wesentlich wertvoller als das passive Fernsehen ist es, dem Kind etwas vorzulesen. So bekommt es die Chance, sich die ganze Handlung in eigenen Fantasiebildern vorzustellen und zwischenzeitlich Fragen zu stellen.
- Noch vorteilhafter ist das eigene Rollenspiel des Kindes, bei dem es sich in die verschiedenen Rollen hineinfühlt. Und das nicht nur aufgrund einer Vorstellung, sondern mit dem ganzen Körper, mit eigenen Bewegungen, Gefühlen, seiner Sprache und Fantasie. Dadurch muss es sich den anderen

Mitspielern anpassen und erlebt das ganze Geschehen ganzheitlich.

– Alle Regeln, die die Eltern dem Kind aufstellen, müssen sie selbst einhalten. Dazu gehört sowohl die emotionale Konfrontation bei einem Streit bis hin zur Versöhnung, aber auch der eingeschränkte Fernsehkonsum.

***

Wir nähern uns dem Wendepunkt an, an dem über das Schicksal der Menschen in dieser globalisierten Welt entschieden wird. Jeder Einzelne hat dabei die Verantwortung für die Erneuerung der Liebe zu tragen. So gesehen ist die Aufgabe der Eltern weit mehr zu schätzen als die der Genforscher und die der Informatiker. Eigentlich sind die Eltern die wichtigsten Menschen in dieser Welt. Denn ihre Kinder und die Kinder der Kinder entscheiden, wie es in unserer Welt in Zukunft aussehen wird. Die Worte von Hermann Hesse drücken dies sehr einfühlsam aus.

So mußt du allen Dingen
Bruder und Schwester sein,
Daß sie dich ganz durchdringen,
Daß du nicht scheidest Mein und Dein.

Kein Stern, kein Laub soll fallen –
Du mußt mit ihm vergehen!
So wirst du auch mit allen
Allstündlich auferstehen.

HERMANN HESSE

LITERATUR

Buber, Martin: *Ich und Du.* Gütersloh, 13. Aufl. 1997

Ciaramicoli, Artur P./Ketcham, Katherine: *Der Empathie-Faktor. Mitgefühl, Toleranz, Verständnis.* München 2001

Domin, Hilde: *Doppelinterpretationen. Das zeitgenössische Gedicht zwischen Autor und Leser.* Frankfurt am Main, 13. Aufl. 1993

Eggers, Christian: *Bindungen und Besitzdenken beim Kleinkind.* München 1984

Goleman, Daniel: *Emotionale Intelligenz.* München 1996

Gottman, John: *Kinder brauchen emotionale Intelligenz. Ein Praxisbuch für Eltern.* München 1997

Grossmann, Klaus E.: *Beziehung und Erziehung in der frühen Kindheit.* Vortrag anlässlich der Jahrestagung der Deutschen Liga für das Kind, in der Berliner Charité 2001

Hermann, Theo/Hofstätter, Peter R./Huber, Helmuth P./Weinert, Franz E. (Hrsg.):*Handbuch psychologischer Grundbegriffe.* München 1977

Hesse, Hermann: *Vom Baum des Lebens. Ausgewählte Gedichte.* Frankfurt am Main 1987

Lears, Laurie: *Unterwegs mit Jan. Leben mit einem autistischen Bruder.* Berg 2000

Lempp, Reinhart: *Die autistische Gesellschaft. Geht die Verantwortlichkeit für andere verloren?* München, 3. Aufl. 1997

Mertens, Wolfgang/Waldvogel, Bruno (Hrsg.): *Handbuch psychoanalytischer Grundbegriffe.* Stuttgart, 2. Aufl. 2000

Papousek, Mechthild: *Vom ersten Schrei zum ersten Wort. Anfänge der Sprachentwicklung in der vorsprachlichen Kommunikation.* Bern 1994

Schuchardt, Erika: *Warum gerade ich ...? Leben lernen in Krisen – Leiden und Glaube. Fazit aus Lebensgeschichten eines Jahrhunderts. Ausgezeichnet mit dem Literaturpreis.* Göttingen, überarbeitete und erweiterte Auflage 2002 (Jubiläumsausgabe)

Sheldrake, Rupert/Fox, Matthew: *Die Seele ist ein Feld. Der Dialog zwischen Wissenschaft und Spiritualität.* München 1998

Sturma, Jaroslav: *Empathie bei Edith Stein.* Vortrag anlässlich der Arbeitstagung der Gesellschaft zur Förderung des Festhaltens als Lebensform und Therapie in Erfurt 2001

QUELLENNACHWEIS

Klug mit Gefühlen umgehen

Cheryl Benard, Edit Schlaffer
Die Physik der Liebe
Warum selbstbewusste Frauen glücklichere Beziehungen haben
ISBN 3-423 **34091**-6

Isabelle Filliozat
Sei, wie du fühlst
Mit Emotionen besser leben. Ein Praxisbuch
Übers. v. M. Buchwald
ISBN 3-423-**34102**-5

Daniel Goleman
EQ. Emotionale Intelligenz
Übers. v. F. Griese
ISBN 3-423-**36020**-8

EQ²
Der Erfolgsquotient
Übers. v. F. Griese und T. Schmidt
ISBN 3-423-**36211**-1

Die heilende Kraft der Gefühle
Hg. v. Daniel Goleman
Übers. v. F. R. Glunk
ISBN 3-423-**36178**-6

Eva Jaeggi
Liebe lieber ungewöhnlich
ISBN 3-423-**34165**-3

Verena Kast
Neid und Eifersucht
Die Herausforderung durch unangenehme Gefühle
ISBN 3-423-**35152**-7

Verena Kast
Der Schatten in uns
Die subversive Lebenskraft
ISBN 3-423-**35160**-8

Joseph LeDoux
Das Netz der Gefühle
Wie Emotionen entstehen
Übers. v. F. Griese
ISBN 3-423-**36253**-7

Peter Schmidt
Die Kraft der positiven Gefühle
Mit neuen Mentaltechniken innerlich frei werden
ISBN 3-423-**36256**-1

Peter Uffelmann
Verzeih dir selbst
Die sieben Schritte zum Selbstwertgefühl
ISBN 3-423-**34086**-X

Bärbel Wardetzki
Ohrfeige für die Seele
Wie wir mit Kränkung und Zurückweisung besser umgehen können
ISBN 3-423-**34057**-6

Mich kränkt so schnell keiner!
Wie wir lernen, nicht alles persönlich zu nehmen
ISBN 3-423-**34173**-4

Bitte besuchen Sie uns im Internet: www.dtv.de